Lieblings-
Plätze

OBERFRANKEN

Lieblingsplätze
OBERFRANKEN

GMEINER

FRIEDERIKE SCHMÖE

Autor und Verlag haben alle Informationen geprüft. Gleichwohl wissen wir, dass sich Gegebenheiten im Verlauf der Zeit ändern, daher erfolgen alle Angaben ohne Gewähr. Sollten Sie Feedback haben, bitte schreiben Sie uns! Über Ihre Rückmeldung zum Buch freuen sich Autor und Verlag: lieblingsplaetze@gmeiner-verlag.de

Sofern nicht im Folgenden gelistet, stammen alle Bilder von Friederike Schmöe: ThermeNatur (Bad Rodach) 36; Levi-Strauss-Museum (Buttenheim) 98; Matthias Schulz (Effeltrich) 112; Michael Stumpf 140; Klaus Beer 144, 188; Deutsches Porzellanmuseum (Hohenberg an der Eger) 146; Luisenburg Festspiele, Bessermann (Wunsiedel) 150; Susanne Tomis-Nedvidek (Bad Berneck) 158; Deutsches Dampflokomotiv-Museum, Reinhard Feldrapp (Neuenmarkt) 166

QR-Code einscannen und kostenloses E-Book anfordern.

Besuchen Sie uns im Internet:
www.gmeiner-verlag.de

1., überarbeitete Neuauflage 2021
© 2012 – Gmeiner-Verlag GmbH
Im Ehnried 5, 88605 Meßkirch
Telefon 07575/2095-0
info@gmeiner-verlag.de
Alle Rechte vorbehalten

Lektorat/Redaktion: Anja Kästle
Herstellung: Julia Franze
Umschlaggestaltung: Susanne Lutz
unter Verwendung der Illustrationen von © lapencia – stock.adobe.com; © VRD – stock.adobe.com; © SimpLine – stock.adobe.com; © Bojanovic78 – stock.adobe.com; © natbasil – stock.adobe.com; © EH Grafik – stock.adobe.com; © geschmacksRaum® – stock.adobe.com; © ratkom – stock.adobe.com; © mohamed_hassan – pixabay.com; © Katrin Lahmer; © Benjamin Arnold
Kartendesign: Matthias Schatz
Druck: AZ Druck und Datentechnik GmbH, Kempten
Printed in Germany
ISBN 978-3-8392-2621-6

Coburg und Oberes Maintal

BAMBERG, FORCHHEIM UND FRÄNKISCHE SCHWEIZ

BAYREUTH, HOF UND FICHTELGEBIRGE

KULMBACH, KRONACH UND FRANKENWALD

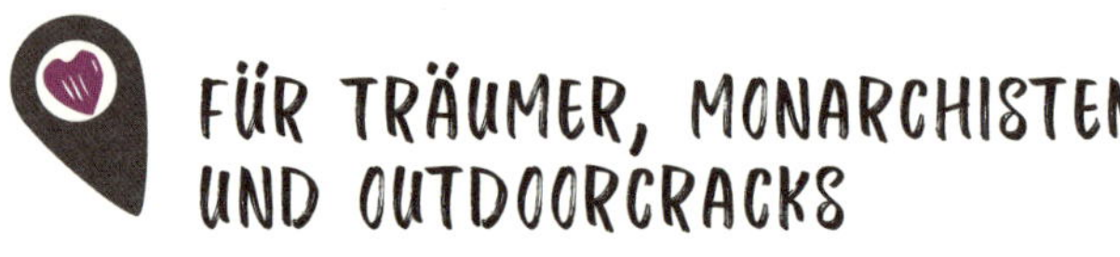

FÜR TRÄUMER, MONARCHISTEN UND OUTDOORCRACKS

Quer durch Oberfranken

Wie – Sie möchten nach Oberfranken reisen? Im Ernst? Na gut, Sie haben's nicht anders gewollt. Aber sagen Sie nachher nicht, ich hätte Sie nicht gewarnt. Was spricht dafür, in diesen abgelegenen Landstrich vorzudringen? Wo es ländlich-sittlich zuzugehen scheint? Was gibt es zu sehen und zu erleben in diesem grünen, amöbenartigen Gebilde, das durchströmt wird von ein paar mäandernden Flüssen, das ansonsten aber ziemlich gebirgig ist und hochdeutsch sprechende Landsleute mitunter vor echte Probleme stellt? Kurzum: Wer will schon nach Oberfranken?

Okay, ich sehe, Sie lassen sich nicht abwimmeln. Na dann, auf geht's! Öffnen wir gemeinsam Herz und Sinn für die Genussregion Oberfranken. Genuss gibt es hier reichlich, Genießer auch, kulturell, kulinarisch und »bierologisch« gesehen. Ein weiterer Pluspunkt: Globalisiert ist hier noch nicht viel, zu entdecken gibt es also genug, und zwar auf eigene Faust, mit Spaß an Umwegen. Offenherzige, Horizontgeweitete, seid willkommen! Wandert nach Herzenslust, erforscht Grotten und Höhlen, erobert Burgen, lasst euch auf Flößen über Stromschnellen treiben oder setzt euch in ein Café und träumt in den Tag. Das alles kann man hier machen. Lesen und Musik von Rang genießen übrigens auch. Sie werden noch erfahren, wie und wo.

Mein Name ist Friederike Schmöe, ich freue mich, dass Sie das Buch noch nicht wieder zugeschlagen haben und mich vielmehr als Ihre Lotsin mit an Bord nehmen. Beginnen wir in Coburg. Meiner Geburtstadt. Der Krone Frankens. Wenn man so will. Hier geht es herzoglich zu, immerhin haben die Coburger durch clevere Heiratspolitik auf allen möglichen Thronen Europas Fuß gefasst. Davon zeugen heute noch viele große und kleine Schlösser sowie das blaublütige Selbstbewusstsein einer pittoresken Kleinstadt.

Weiter geht's durch das Obere Maintal nach Bamberg. Das Fränkische Rom! Hier wird es kirchlich, aber keine Sorge! Bamberg besitzt dank seiner vielen Studenten eine nennenswerte Subkultur, außerdem eine extreme Brauereidichte. Irgendwie mediterran lebt es sich hier, an den Ufern von Main und Regnitz, mit zahlreichen Cafés und Festen das ganze Jahr hindurch. Waren Sie schon einmal auf einer richtigen fränkischen Kirchweih? Dann los! Es ist nie zu spät!

Auf keinen Fall sollten Sie die Fränkische Schweiz verpassen. Der Schlupfwinkel des deutschen Gemüts, so schrieb Jean Paul – ein Muss für Romantiker mit Naturfaible. Natürlich auch für Kletterer und Wandergesellen. Weiter pirschen wir uns gegen den Uhrzeigersinn Richtung Bayreuth vor. Richtig: die Wagnerstadt! Musikcracks aufgepasst, nicht nur Wagner war hier eine große Nummer, sondern auch sein Schwiegervater, Franz Liszt, und überhaupt kann man in Bayreuth in Musik nur so schwelgen. Übrigens auch in Hof, »in Bayern ganz oben«. Die Stadt im Dreiländereck Bayern-Sachsen-Böhmen wird leider allzu oft abgestempelt als »Bayerisch Sibirien«. Von wegen: Für kulturelle Highlights sorgen hier unter anderem die Internationalen Hofer Filmtage, das Hofer Theater und die Hofer Symphoniker. Natürlich ist Hof auch ein wunderbarer Startpunkt für alle, die das grüne Fichtelgebirge durchstreifen oder im Winter auf schneesicheren Loipen dahingleiten wollen. Der Kreis schließt sich in Kulmbach und Kronach. Beides malerische Städtchen mit ehrfurchtgebietenden Burgen. Viele Künstler finden und fanden hier Inspiration. Mag sein, dass es Ihnen genauso geht. Warum also nicht einen Skizzenblock im Rucksack haben?

Zum Schluss noch ein Tipp für Outdoorfans: Sparen Sie Zeit und Geld und reisen Sie in den Frankenwald anstatt nach Norwegen! Das oberfränkische Naturerlebnis steht dem skandinavischen in nichts nach. Berg und Tal, Schlucht und Gebirgsbach, dazu viel Geschichte und allüberall eine Gastwirtschaft, die Hausmacherbrotzeiten serviert und einen Gerstensaft aus den Rohstoffen der Region braut, nicht massenkompatibel, sondern nahrhaft.

Sie sehen schon: Es spricht alles dafür, nach Oberfranken zu fahren.

COBURG UND OBERES MAINTAL

1

Veste Coburg
96450 Coburg
09561 8790
www.veste-coburg.de

DIE FRÄNKISCHE KRONE

Veste Coburg

Sie ist eine der größten Burgenanlagen Deutschlands. Ihre heutige Ausdehnung hatte sie bereits im 13. Jahrhundert. Wie eine Krone sitzt sie auf ihrem Bergkegel, sodass man ihr die Uneinnehmbarkeit schon von Weitem ansieht. Tatsächlich wurde die Veste Coburg nie militärisch erobert. 1632 zog Wallenstein unverrichteter Kriegsdinge wieder ab. Drei Jahre später nahmen die Kaiserlichen die Festung nach fünfmonatiger Belagerung ein – wie es heißt, gelang ihnen dieser Coup durch eine List.

Die Veste ist ein Ensemble der Superlative. Hier gibt es Mittelalter, Religionsgeschichte und Kunst im Überfluss. Die Sammlungen zeigen Glas, Kutschen, Schlitten, Intarsien, Waffen, Rüstungen und Kupferstiche. Selbst in den Burghöfen entdecke ich immer wieder etwas Neues – den kleinen steinernen Drachen bei der Lutherkapelle habe ich erst vor Kurzem erspäht.

Beginnen Sie Ihre Tour zur Veste am Parkplatz auf der Brandensteinsebene. Er liegt höher als die Burg selbst. Gehen Sie ein paar Schritte Richtung Flugplatz: Von hier haben Sie eindeutig das schönste Fotomotiv vor sich. Wandern Sie jetzt zur Veste hinunter. Über die ehemalige Zugbrücke kommend, blicken Sie direkt ins Burgenmaul. Bedrohlich lauert das Fallgitter mit seinen scharfen Zähnen unter dem Gewölbe. Sie tauchen beim Fürstenbau wieder aus der Dunkelheit auf. Bei jedem Besuch steige ich zuerst zur Hohen Bastei hinauf, vorbei an dem Satyr, der an der Steinwand hockt. Ich stelle mir oft vor, wie Martin Luther 1530 hinter den trutzigen Mauern Schutz suchte. Er blieb ein paar Monate, arbeitete an seiner Bibelübersetzung und verfasste den *Coburger Psalter*. Sein Zimmer wirkt wie eine Dichterstube, doch eher mönchisch als heimelig.

Von der Bastei blickt man weit in den Thüringer Wald und ins Fichtelgebirge. Lauschiger ist die Bärenbastei, die man über den zweiten Innenhof erreicht. Hier sitze ich auf der Wiese und schließe die Augen. Ich höre Hufgetrappel – es nähern sich Reiter. Pfeile sirren. Hören Sie es auch?

Die Hohe Bastei und der Innenhof zwischen Fürstenbau und Bulgarenturm ist Schauplatz eines winterlichen Krimishowdowns: Schockstarre, Meßkirch, Gmeiner 2007.

2

Glanzstück am Schlossplatz:
Palais Edinburgh
Schlossplatz 5/5 a
96450 Coburg

Schlossplatz mit Schloss Ehrenburg
Schlossplatz 1
96450 Coburg
09561 808832
www.schloesser-coburg.de

So monarchisch wie freisinnig

Schlossplatz

Jedes Jahr im Juli wandelt sich der Schlossplatz für ein paar Tage zur Gourmet-Meile: Steaks, Shrimps, Hummer, Prosecco, Bismarckheringe, Sturm's Pilsener – mannigfaltige Leckereien finden ihren Platz in den Ständen auf dem Coburger Schlossplatzfest und in den Mägen der Besucher. So appetitanregend Nordbayerns größte Feinschmecker-Party auch ist: Ich mag den Schlossplatz am liebsten so frei und offen und herzoglich, wie er sich im städtischen Alltag zeigt.

Er ist einer der bemerkenswertesten Plätze in Bayern, monarchisch und irgendwie englisch – was in Coburg kein Wunder ist, immerhin reicht der Arm der blaublütigen Verwandtschaft weit ins britische Empire. Unter Herzog Ernst I. bekam der Schlossplatz als Vorhof von Schloss Ehrenburg sein heutiges Gesicht. Deshalb steht sein Denkmal im Rondell in der Mitte. Das Schloss können Sie besichtigen. Dabei werden Sie auch ins Schlafzimmer von Queen Victoria geführt und bekommen in einem Mahagoni-Schrank neben ihrem Bett eines der ersten Wasserklosetts auf dem Kontinent gezeigt.

Gegenüber liegt das Landestheater. Mit seiner Guckkastenbühne und dem herrlichen Spiegelsaal auch innen ein Schmuckstück. Neben dem Theater befindet sich das Palais Edinburgh, benannt nach Herzog Alfred von Edinburgh, der es mit seiner Familie Ende des 19. Jahrhunderts einige Jahre bewohnte. Die Arkaden begrenzen den Platz nach Osten. Wenn Sie die Treppen hinaufsteigen, erleben Sie den Schlossplatz aus neuer Perspektive. Fotografen lieben den Blick! Grazil ragt der Turm der Morizkirche hinter dem Schloss auf. Für Nachtaufnahmen-Cracks ein fotografisches Muss! Die neugotische Reithalle ein paar Meter weiter südlich geht auf Herzog Ernst II. zurück. Heute ist hier das Theater mit modernen, gewagten und speziellen Stücken beheimatet. Goldig und oft übersehen: die neugotische Wettersäule am nordwestlichen Ende des Schlossplatzes. Bestaunen Sie auch die Bürgerhäuser in der angrenzenden Grafenstraße – sie sind es wert!

Mit einem Coffee to go in der Abenddämmerung auf einer Bank unter den Arkaden Platz nehmen, die Glocken von St. Augustin läuten hören – und einfach schauen!

8

Panstatue im Rosengarten des **Hofgartens**
96450 Coburg

Weitere Informationen:
Kunstverein Coburg e. V.
Park 4a
96450 Coburg
09561 25808
www.kunstverein-coburg.de

Atlaszeder und Tulpenbaum

Spaziergang durch den Hofgarten

Zwischen Schlossplatz und Veste erstreckt sich der Hofgarten, anfangs noch recht flach, dann bald steil ansteigend. Mitte des 19. Jahrhunderts zum Landschaftspark umgestaltet, wartet der Hofgarten mit stillen Winkeln, altem Baumbestand und vielen Spielplätzen auf. Im Sommer ist Relaxen, Ballspielen und Jonglieren auf den Wiesen angesagt. Im Winter flitzen die Mutigen auf Schlitten oder Skiern durchs Veilchental.

Gerade erst wurde gemäht. Es riecht nach Gras, ein Duft, der schon auf den Arkaden oberhalb des Schlossplatzes nicht zu ignorieren ist. Ein kurzer Blick zurück – hier präsentiert sich der Schlossplatz in voller Schönheit. Doch jetzt heißt es: raus aus der Stadt! Vorbei am Standbild von Herzog Ernst II., hoch zu Ross. Auf ihn geht die heutige Anlage des Hofgartens zurück. Lupfen wir kurz den Hut.

Lieblingsplatz im Lieblingsplatz: der kleine Rosengarten. Schmucke Beete, zierliche Brünnlein. An der Mauer lehnt lässig Gott Pan mit Flöte. Am östlichen Ende hat sich der Kunstverein Coburg niedergelassen. Ein Typ mit rausgewachsener Punkfrisur übt mit dem Devilstick. Weiter geht's!

Im Veilchental wird es steil. Hier hat man einen der schönsten Veste-Blicke der Stadt. Verpassen Sie nicht das kleine Mausoleum von Herzog Franz Friedrich Anton von Sachsen-Coburg-Saalfeld und seiner Frau Auguste Caroline Sophie. Das Moos am Sockel und die tief hängenden Zweige der Bäume drum herum vermitteln den Eindruck, die Natur hole sich das Monument mit den beiden Sphinxen bereits zurück.

Schon auf dem Gipfel? Dann bitte einmal die Veste umrunden. Jetzt geht es an dem kleinen Wachhäuschen vorbei die Treppen wieder in den Hofgarten hinunter. Sie passieren das Naturkundemuseum. Wer die Augen offen hält, entdeckt Bäume, deren Namen er noch nie gehört hat: Atlas-Zeder, Japanischer Schnurbaum, Tulpenbaum. Gehen Sie die letzten Meter zurück in die Stadt parallel zur Festungsstraße – hier gibt es herrliche Villen zu bewundern.

Wie wäre es mit dem Besuch einer Ausstellung im Kunstverein Coburg? Themen: Zeitgenössisches und Emailkunst. Ein Lieblingsplatz, der inspiriert!

4

Rathaus am Marktplatz
96450 Coburg

Tourismus Coburg
Herrngasse 4
96450 Coburg
09561 898000
www.coburg-tourist.de

HALLO, PRALINENSCHACHTEL!

Rund um den Marktplatz

Es hat gar nichts Magisches, obwohl es so klingt: Den Coburger Marktplatz erreichen Sie über sieben Gassen. Sofort fällt der Blick auf das Zentrum des Platzes: das Prinz-Albert-Monument, das den Gemahl der Königin Victoria darstellt. Gelassen blickt er auf das Rathaus an der Südseite des Marktes und stört sich weder an den Tauben, die auf seinem Kopf ausruhen, noch an den Rauchschwaden aus den Bratwurstbuden.

Mein Lieblingsspaziergang durch die Pralinenschachtel des Coburger Zentrums beginnt am Ketschentor (einem der drei noch erhaltenen Stadttore). Auf dem Weg zum Marktplatz kommt man an etlichen Fachwerkbauten vorbei, auch am Münzmeisterhaus, einem gotischen Fachwerkhaus mit schönen Laubenbögen.

Zwischen all den bunten Fassaden und Giebeln gibt es keinen Grund, sich zu beeilen. Jedes Haus will bestaunt werden. Die Gebäude Markt 1–18 stehen unter Denkmalschutz. In alten Zeiten führte hier die Handelsstraße von Nürnberg nach Erfurt (Süd-Nord) entlang, außerdem die von Prag nach Frankfurt (Ost-West). Sie kreuzen sich mitten auf dem Markt, der im 15. Jahrhundert angelegt wurde. Besonders gern mag ich das Stadthaus mit seinen bunten, reich dekorierten Erkern und den hoch aufragenden Zwerchhäusern.

Auch die Gassen und Gässchen um den Markt bieten Genuss fürs Auge, etwa die gut 300 Jahre alten Fachwerkfassaden in der Kirchgasse. Von hier schlendern Sie weiter zum Kirchhof. Werfen Sie einen Blick auf und in die Morizkirche, die älteste Kirche Coburgs, die mit ihren zwei unterschiedlichen Türmen ein markantes Bild abgibt. Schon 1310 wurde der Bau begonnen, doch erst mehr als 200 Jahre später abgeschlossen. Luther hat hier mehrfach gepredigt. Im 18. Jahrhundert wurde der Innenraum barockisiert, die einst gotischen Charakteristika sind weitgehend verschwunden. Das Konterfei von St. Mauritius, dem Schutzpatron der Stadt, ist übrigens auch auf den Kanaldeckeln wiederzufinden.

Zurück geht es in wenigen Minuten zum Markt und in die breite Spitalgasse, wo Sie geruhsam in Buchhandlungen stöbern können.

Stärken Sie sich im Miles and More, wo im 17. Jahrhundert die altehrwürdige Herrenstube beheimatet war. Im Sommer auch in der kleinen Hofnische unter freiem Himmel.

5

Café M
Judengasse 8
96450 Coburg
09561 795133
www.cafem-coburg.de

GEBT DEM LEBEN FARBE!

Café M

Wann immer ich in Coburg bin, mache ich gern einen Abstecher ins Café M. Beim Blick in einen riesengroßen (wirklich riesengroßen) Bottich Milchkaffee (hier stimmen die Größenverhältnisse auch aus Sicht eines Kaffeejunkies) und beim Knuspern einer Schoko-Kaffeebohne verliert sich die Zeit draußen. So, wie Mascha Kaléko schreibt: »Die Zeit steht still. Wir sind es, die vergehen.« In diesem Sinne: sitzen, beobachten, träumen.

Mag ja sein, dass man unversehens in eine Diskussion über Kunst hineingerät. Denn im Café M stellen regelmäßig verschiedene Künstler ihre Werke aus. Themen und Machart wechseln, doch Kunst an sich ist stets präsent, schwingt durch den Raum, gibt ihm Rhythmus und Dynamik. Und streut zugleich eine Prise Humor mit ein. Denn es gibt schon genug Ödnis im Leben. Nehmen wir es also nicht ganz so ernst.

Neben den vielen Stammgästen findet sich auch immer jemand Neues zum Schwätzen. Das Publikum ist gemischt, Theaterleute, Studenten, Professoren, Schüler, Plaudertaschen und Genießer. Eine Frau mit Laptop, die ihr Büro kurzfristig ins M verlegt hat. Womöglich eine Autorin.

Man betritt das Café von der Judengasse aus. Im Sommer sitzt es sich auch schön draußen mit Blick auf das Stadttor. Auf der ersten Ebene befindet sich die Theke, das bunte Regal mit den vielen Kaffeesorten, die linke Wand tiefgelb, die rechte leuchtend rot. Die großen Tafeln hinter der Theke, auf denen die aktuellen Spezialitäten beworben werden, sind selbst kleine Kunstwerke: Schokofondue soll es geben; der Schriftzug ist klein im Vergleich zu dem mit Kreide gemalten Fonduetopf mit einer brennenden Kerze darunter. Der Appetit lässt nicht lange auf sich warten.

Dann geht es ein paar Stufen hinauf. Hier sitzt es sich ein wenig intimer. Ein guter Platz zum Lesen und Nachdenken. Und im Innenhof, den manche Gäste erst entdecken, wenn sie die Toiletten aufsuchen, lässt sich ein prima Kurzurlaub einlegen. Apropos Toiletten: Auch hier gibt's viel Farbe. Denn Farbe beißt nicht. Sie versüßt das Leben.

Das Café M ist der ideale Startpunkt für einen Stadtbummel. Schlendern Sie zum Marktplatz, es sind nur wenige Schritte, und von dort in die vielen Gässchen mit ihren kleinen Geschäften.

6

Villenspaziergang
Startpunkt: Rosengarten
an der Alexandrinenstraße
96450 Coburg

Hotelpension Bärenturm
Untere Anlage 2
96450 Coburg
09561 318401
www.baerenturm-hotelpension.de

ARCHITEKTUR UND WOHNEN UM 1900

Ein Villenspaziergang

Wenn Sie über die Frankenbrücke kommend ins Coburger Zentrum fahren oder gehen, sehen Sie gegenüber am Hang ein paar Giebel aus dem Grün aufragen. Sie gehören zu einer Reihe von Villen, die (über den Daumen gepeilt) in der Zeit von 1850 bis 1910 gebaut wurden und sich von der Alexandrinenstraße über die Obere Anlage, Marienstraße und den Glockenberg erstrecken. Der Weg ist steil, doch die Anstrengung lohnt!

Beginnen Sie Ihren Spaziergang an der südlichen Alexandrinenstraße gegenüber dem Rosengarten. Einige der klassizierenden Villen liegen zurückgesetzt am Hang. In Nummer 13 lebte Johann Strauß für eine Weile, übrigens seit seiner Heirat mit Adele Deutsch 1887 Coburger Bürger. Ein Juwel ist die Villa mit der wunderschönen Glasveranda (Hausnummer 11). Die nördliche Alexandrinenstraße wartet mit dem einzigen Gebäude Coburgs auf, das in floraler Jugendstilornamentik gestaltet wurde. Das Sonnenemblem auf der Fassade gab der Villa ihren Namen: Sonnenhaus. Auf ihren Architekten Carl Otto Leheis gehen mehrere Villen im Umkreis zurück.

Der Weg führt über die Obere Anlage (hier blicken Sie auf die frühere südöstliche Stadtbefestigung) in die Marienstraße. Wieder viel Jugendstil und Fachwerk. Mein Lieblingshaus ist die Nummer 1 mit ihrem Eckturm, den vielen Giebeln und der seitlichen Veranda – ein bisschen Schloss, ein bisschen Villa Kunterbunt. Spazieren Sie den Glockenberg hinauf. Der Name leitet sich ab von der herzoglichen Glockengießerei, die Herzog Johann Casimir Ende des 16. Jahrhunderts einrichtete. Deren Gebäulichkeiten wurden 1879 abgerissen. Heute steht an ihrer Stelle (Hausnummer 7) ein Satteldachbau, in dem das Bayerische Forst- und Domänenamt Coburg seinen Sitz hat. Man erkennt das Haus mit den an der Dachkante angebrachten Polygonaltürmen, den Maßwerkfenstern und dem Balkon auf vier Säulen über dem Eingang sofort als Vertreter der Coburger Neugotik. Besonders pittoresk mit ihrem in hellem Blaugrau gehaltenen Fachwerk ist die Villa Glockenberg 6a (die Fassade steht zur Marienstraße).

Stilechtes Übernachten in Villennähe ist in der Hotelpension Bärenturm angesagt. Der Turm ist Teil der alten Stadtbefestigung und beherbergte einst zwei Bären.

7

Schloss Callenberg
Callenberg 1
96450 Coburg
09561 55150
www.schloss-callenberg.de

VERY BRITISH

Schloss Callenberg

Ein traumhaftes Stück Natur ist der Callenberger Forst nordwestlich von Coburg mit seinen uralten Bäumen. Das auf einem Bergkegel thronende Schloss sehen Sie schon von der Straße aus, die Coburg mit dem Stadtteil Beiersdorf verbindet. Vom Parkplatz führt der Fußweg in wenigen Minuten die letzten Meter hinauf zum Schloss. Die erste Mauer, die Sie passieren, beeindruckt durch die Baumstämme, die ihr zu entwachsen scheinen – oder greifen die Mauersteine nach den Wurzeln?

Erstmals im 12. Jahrhundert erwähnt, hat Schloss Callenberg erst seit etwa 200 Jahren sein heutiges Aussehen: Im englisch-neugotischen Stil signalisiert es die Affinität des Herzogshauses Sachsen-Coburg und Gotha zu England. Schloss und Grund gehören auch heute noch der Herzogsfamilie. Callenberg war nie ein Repräsentationsbau, sondern ein privater Lebensraum. Wenn Sie eine Führung mitmachen, erfahren Sie mehr über die Historie der Coburger und ihre Verzweigung in den europäischen Monarchien. Zum Beispiel, dass der letzte regierende Herzog von Coburg, Carl Eduard, der hier auf Callenberg lebte, der Großvater des heutigen schwedischen Königs Carl XVI. Gustaf ist.

Eine Besichtigung lohnt schon allein, um die herrliche Anlage zu entdecken. Ein traumschöner Ort zu jeder Jahreszeit ist der Rosengarten. Außerdem ist das Deutsche Schützenmuseum im Schloss untergebracht. Es finden Konzerte, Gottesdienste und wechselnde Kunstausstellungen statt.

Genießen Sie im Anschluss an die Schlosstour den Blick auf die Veste Coburg und über die Senningshöhe bis nach Thüringen.

Haben Sie den Ökonomiehof beim Aufstieg links liegen sehen? Das Ensemble entstand unter Herzog Ernst I. als Verwaltungs- und Herbergszentrum des Kammergutes Callenberg. Direkt unterhalb lädt eine große Wiese zum Picknicken ein. Am Parkplatz wartet ein 20 Meter hoher Riesenmammutbaum auf Sie: Diese Bäume stammen eigentlich aus Kalifornien, sie werden, so heißt es, 3.000 Jahre alt. Einen zweiten finden Sie übrigens auf der Veste Coburg.

Etwas weiter westlich baute Ernst II. eine Musterfarm nach englischem Vorbild, in der heute Teile der Rudolf-Steiner-Schule untergebracht sind. Werfen Sie einen Blick darauf!

Fachwerkhäuser im
Coburger Zentrum

8

Schloss Rosenau
Rosenau 1
96472 Rödental
09563 308410
www.schloesser-coburg.de

Braugasthof Grosch
Oeslauer Straße 115
96472 Rödental
09563 7500
www.der-grosch.de

EIN KÖNIGLICHES ZUHAUSE

Schloss Rosenau

Das ultimative Schloss-Feeling bekommen Sie in der Rosenau – und nur dort. So möchte man leben, meint man, kaum hat man das Auto am Parkplatz abgestellt und das Handy im Handschuhfach vergessen. Der Landschaftspark mit seinen weiten Durchblicken auf das Schloss nimmt den Besucher sofort gefangen und versetzt ihn in milde Zufriedenheit. So traumverloren kann das Leben sein!

Königin Victoria von England, deren Mann, der Coburger Prinz Albert, auf Schloss Rosenau geboren worden war, schrieb voller Nostalgie: »Wäre ich nicht das, was ich bin, hätte ich hier mein wirkliches Zuhause.« Kein Wunder! Auf der Rosenau lässt nicht nur blaues Blut die Seele baumeln.

Im Kern handelt es sich um einen mittelalterlichen Rittersitz, doch Herzog Ernst I. von Sachsen-Coburg-Saalfeld ließ ihn neugotisch umgestalten. Das Schloss kann besichtigt werden – überwältigend ist der Marmorsaal, wo einst die Hofbälle stattfanden. Anschließend erfrischt ein Spaziergang durch den weitläufigen Park, dessen Planer übrigens nicht bekannt ist. Erhalten sind noch eine Grotte mit Wasserfall, Wirtschaftsgebäude, Teehaus und Orangerie. Außerdem die Turniersäule (folgen Sie den Wegweisern zur Sonnenuhr); sie erinnert an die Ritterturniere, die Ernst I. in diesem Schlosspark abhielt. Umrunden Sie einmal den Schwanenteich, lassen Sie sich auf einer der historischen Steinbänke nieder. Hier stellt sich heitere Gelassenheit von selbst ein, ganz ohne Wellnessprogramm. Besonders beschaulich ist es am Schalenbrunnen direkt vor dem Schloss; oft hört man hier Aussprüche wie: »Toll, so ein Wochenendschloss!« Von der Terrasse führen Treppen zur Itz hinunter (der Zugang ist an der Längsseite des Schlosses, ein bisschen versteckt). Wenn Ihre Fantasie noch mehr Anregungen braucht (was ich eigentlich nicht für realistisch halte) – statten Sie doch dem Europäischen Museum für modernes Glas gleich beim Parkplatz einen Besuch ab!

Brauchen Sie jetzt etwas Bodenständiges? Ein süffiges Bier? Probieren Sie den Fuhrmannstrunk im Braugasthof Grosch mitten in Rödental.

DIE COBURGER – DIE BESSEREN BAYERN?

Das Haus Sachsen-Coburg

Okay, ein bisschen provokativ ist das schon gemeint. Denn die (Alt-) Bayern würden die Coburger kaum als Bayern bezeichnen; wenn schon nicht als Preußen (was wahrscheinlich ist), dann als Franken. Doch so richtige Franken sind sie auch nicht, wie der Coburger Dialekt verrät – sind sie nun Bayern oder nicht?

Womöglich sind sie die überzeugteren Bayern. Denn die Bürger des ehemaligen Herzogtums Sachsen-Coburg (seit 1826 Sachsen-Coburg und Gotha) entschieden sich 1919 in einer Volksabstimmung für den Anschluss Coburgs an Bayern – und nicht an Thüringen, was historisch gesehen naheliegend gewesen wäre. Erst nach dem Zweiten Weltkrieg wurde die Konsequenz dieser Entscheidung sichtbar: Bayern fiel in die amerikanische Besatzungszone und spätere Bundesrepublik, Thüringen dagegen in die sowjetische Zone und spätere DDR. Bis 1990 war Coburg an drei Seiten durch eine undurchdringliche Grenze von seinem angestammten Hinterland abgeschnitten.

Zuvor war Coburg ein ernestinisches Herzogtum gewesen. Das kleine Fürstenhaus mischte sich im 19. Jahrhundert durch seine clevere Heiratspolitik unter die großen Monarchien Europas: Königin Victoria von England etwa heiratete den Coburger Prinzen Albert. Dieser studierte britisches Staatsrecht und wurde zum Berater seiner Frau. Offiziell zum Prinzgemahl ernannt, ist der Coburger Albert der Erfinder der Weltausstellung. Auf ihn gehen Pläne für erste Arbeiterwohnungen in England zurück. Weitere verwandtschaftliche Bande bestehen mit Belgien, Portugal, Rumänien, Bulgarien und Schweden.

Zum Ende des Ersten Weltkriegs dankte Herzog Carl Eduard ab. Doch das Herzogliche sieht man der Stadt auf Schritt und Tritt an. Ab und zu kommen königliche Gäste aus anderen Teilen Europas. Dann gehört ein Spaziergang über den Marktplatz und ein Bratwurstsnack zum Besuchsprogramm.

Überhaupt – die Coburger Bratwurst! Die hellblauen Rauchschwaden über den Buden weisen den Hungrigen den Weg. Diese Bratwurst ist anders als die anderen: Sie ist gröber, länger, im Teig sind rohe Eier (Sondergenehmigung!), und gebraten wird sie auf einem Rost über offenem Feuer aus Kiefernzapfen. Diese Zubereitung verleiht den 31 Zentimeter langen Würsten ihren typischen Geschmack. Außerdem wird die Semmel nicht in horizontaler, sondern in vertikaler Richtung aufgeschnitten.

Augenblick: 31 Zentimeter?

Wenn Sie gerade in Ihre Bratwurst beißen – werfen Sie einen Blick auf den Giebel des Rathauses. Dort oben balanciert der Coburger Stadtheilige, St. Moriz, besser bekannt als »Bratwurstmännla«. Der Marschallstab in seiner Hand gibt das rechte Bratwurstmaß vor. Über Jahrzehnte hinweg konnte seine Länge nicht exakt festgestellt werden. Man schätzte sie auf 35 bis 40 Zentimeter. Als 1982 die Coburger Feuerwehr eine neue Drehleiter vorführte, wurde nachgemessen: 31 Zentimeter!

Eine andere sehr beliebte Spezialität der Stadt sind die in alle Welt exportierten Coburger Schmätzchen. Sie sind klein, rund und schmecken nach Honig und ein klein bisschen nach Weihnachten. Die Hofbäckerei Feyler in der Rosengasse bäckt die Lebkuchentaler nach Originalrezept. Die Goldschmätzchen erhalten nach dem Backen einen Guss aus Schokolade und werden gekrönt mit einem Tupfer echten Blattgoldes.

Coburg war seit der Reformation über viele Jahrhunderte hinweg eine so gut wie ausschließlich protestantische Stadt. Hier nahm Martin Luther 1530, unter Reichsacht stehend, Zuflucht. Er blieb fünf Monate auf der Veste Coburg. Einige Szenen in Eric Tills Film *Luther* mit Joseph Fiennes in der Hauptrolle wurden auch dort gedreht. Einen fiktiven Mordfall, der sich während Luthers Aufenthalt auf der Veste Coburg zutrug, schildert *Dohlenhatz*, Gmeiner, Meßkirch 2017.

Einen wunderbaren literarischen Einblick in die späten herzöglichen Jahre Coburgs gibt Uwe Timms 2002 erschienener Roman *Der Mann auf dem Hochrad*. In dieser so ironisch wie feinfühlig erzählten Geschichte um Franz Schröter, der Hochrad fahren lernt und die kleine Stadt mit dieser Pioniertat völlig durcheinanderbringt, spiegeln sich der Fortschrittsglaube der damaligen Zeit, aber auch die provinzielle Kleinkariertheit des späten 19. Jahrhunderts.

Alte Schäferei – Gerätemuseum des Coburger Landes
Alte Schäferei 2
96482 Ahorn
09561 1304
www.geraetemuseum-ahorn.de

Schäferstuben
Alte Schäferei 2
96482 Ahorn
09561 28939
www.gasthaus-schaefer-stuben.de

Schafe sind nicht nur zum Zählen da!

Alte Schäferei

Zunächst weist nur ein unscheinbares Schild an der B 303 von Coburg nach Schweinfurt auf das Gerätemuseum hin. Wer es nicht unbedingt gezielt anfährt, ist auch schon vorbeigerauscht. Die Fachwerk-Scheunen verschwimmen beinahe mit dem tiefgrünen Wald im Hintergrund, und wenn das Gras hoch steht, sieht man allenfalls die Dachziegel. Wer jedoch abbiegt, der hat einen unglaublich erholsamen Lieblingsplatz entdeckt.

Die weitläufige Anlage, ab 1713 errichtet, beeindruckt einfach. Macht es die Nähe zu Wald und Wiese, dass das Museum so gar nicht wie ein Museum wirkt, so untouristisch und authentisch, zum Atemschöpfen eben? Der Alten Schäferei ist nichts Überkandideltes eigen. Hier gibt es viel Holz, viel Stein und viel Grün.

Das Ensemble am Fuß des Hühnerberges war die ehemalige Gutsschäferei des Ahorner Schlosses. Im seinerzeitigen Herzogtum Coburg gab es mehr als zwei Dutzend solcher Schäfereien. Ein weißes Plastikschaf streckt zur Begrüßung neugierig die Schnauze aus dem Museum. Die Gerätesammlung ist außerordentlich umfangreich, man veranstaltet Sonderausstellungen und Aktionen, die Volkskunde erlebbar machen wollen. Die Spinngruppe etwa tradiert alte Arbeitstechniken des Spinnens und Webens.

Ruhig und verträumt lässt sich ein Spaziergang durch das Ensemble an. Schafstall, Doppelscheune, Schäferwohnhaus, Brunnenhaus und Backofen – hier präsentiert sich als selbstverständlich, was dem Besucher aus dem 21. Jahrhundert fast schon altertümlich vorkommt, aber viel von ausgefeilter Handarbeit und verlässlicher Erzeugung heimischer Produkte erzählt.

Schlendern Sie am kleinen Kräutergarten vorbei in den Biergarten der Schäferstuben. Wie wäre es mit einem kalten Radler und Brot mit weißem Käse (Quark, angemacht mit Schnittlauch, serviert mit ein wenig Gurke, Zwiebel und Tomate)? Oder lacht das Schmalzbrot Sie an? Bei schlechtem Wetter sind Sie in der urigen Wirtsstube gut aufgehoben; am besten gleich neben dem Kachelofen.

Das Ahorner Schloss liegt in Sichtweite! Ein Spaziergang bietet sich an; vielleicht haben Sie Glück und können einen Blick in die Schlosskirche werfen.

10

ThermeNatur Bad Rodach
Thermalbadstraße 18
96476 Bad Rodach
09564 92320
www.therme-natur.de

Heilung aus den Tiefen der Erde

»ThermeNatur«

Dass sie auf einer heißen Quelle sitzen, ahnten die Rodacher bereits, bevor 1972 die Bohrung nach der Heilquelle begann. War im Winter der ganze Ort mit seinen umgebenden Hügeln tief verschneit, blieb die weiße Pracht auf dem Schleichersberg einfach nicht liegen. Der Verdacht lag nahe, dass auch Rodach wie das nahe Bad Colberg auf einem heißen Wassertopf sitzt. Auf dem Grundstück der früheren Waldarbeiterin Ida Schleicher, die der Stadt Rodach zwei Hektar Land überließ und im Gegenzug eine Leibrente sowie ein Wohnhaus im Ort erhielt, befindet sich heute die *ThermeNatur*. Seit 1988 sind sogar zwei Thermalquellen erschlossen, eine aus 652 Metern, die andere aus mehr als 1.000 Metern Tiefe. Das warme Wasser hilft bei Gelenkerkrankungen und Abnutzungserscheinungen der Wirbelsäule, lindert Beschwerden bei Weichteilrheumatismus und Hauterkrankungen und ist auch angezeigt nach Operationen am Bewegungsapparat.

Aktivität im warmen Wasser ist natürlich nicht nur Kranken vorbehalten, sondern entspannt alle Gäste, die dem Druck des Alltags für ein paar Stunden entkommen wollen. Spaß macht das Schwimmen in den Bewegungsbecken, von denen eines in der Therme, das andere außen liegt. Auch an kalten Wintertagen kann man durch eine Schleuse in den Außenbereich schwimmen, ohne das Wasser zu verlassen. Einmal schwerelos schweben? Das geht im angenehmen 35 Grad warmen Strömungskanal beinahe so gut wie im Weltall.

Wer mit einer Schwitzkur etwas Gutes für seine Gesundheit tun möchte, durchstreift am besten die Saunalandschaft Erdfeuer mit ihren fünf Saunen; eine ganz besondere Atmosphäre strahlt die runde, in die Erde eingelassene Erdhügelsauna mit dem verglasten Kamin in der Mitte aus. In der Vita-Bar im Saunabereich erfrischen Säfte und kleine Snacks nach einem anstrengenden Badetag. Für den größeren Hunger steht das Thermen-Restaurant bereit mit seinem herrlichen Panoramablick auf die Langen Berge.

Bei Vollmond auf dem Rücken treibend in den Himmel blinzeln und dabei eine Luna-Bowle schlürfen. Wer mag, leiht eine Luftmatratze für den komfortablen Blick in den Himmel aus.

11

Altstadt Sesslach
Startpunkt:
Stadtpfarrkirche
Luitpoldstraße 9
96145 Seßlach

Stadtverwaltung Seßlach
Marktplatz 98
96145 Seßlach
09569 92250
www.sesslach.de

GRÜSS GOTT, MITTELTALTER!

Spaziergang durch die Altstadt

Sie gehen schwanger mit der Idee, einen historischen Roman zu schreiben? Dann kommen Sie nach Seßlach! Nirgendwo sonst ist das mittelalterliche Bild einer Stadt im Raum Oberfranken so perfekt erhalten wie hier. Da darf es dem Besucher auch nichts ausmachen, dass nächtens die Tore geschlossen sind und nur ein kleiner Durchschlupf bleibt. Ein Kraftfahrzeug hat in derlei Ambiente nun wirklich nichts verloren. Zu Pferd hingegen würde man Seßlach wahrhaft historisch erkunden: Ein kurzer Galopp über die Rodachbrücke und durch das Rothenberger Tor, wobei die Pferdehufe auf dem Kopfsteinpflaster in den Gassen noch lange nachhallen … Visionen dieser Art haben vermutlich viele Künstler gehabt. Seßlach war in den letzten Jahren mehrfach Filmkulisse: Eric Till drehte hier einige Szenen zu *Luther*; 2006 diente Seßlach als Setting für den Film *Der Räuber Hotzenplotz* von Gernot Roll.

Der Ort ist so gut wie komplett von einem Mauerring umgeben, zu dem drei Tortürme gehören. Anstelle eines Wehrgangs sehen wir lose Rollsteine auf der Mauerkrone. Wir spazieren einfach ein bisschen umher. Ohne Ziel. Man kann – der Ringmauer sei Dank – ohnehin nicht verloren gehen. Startpunkt ist – reiner Zufall – die Stadtpfarrkirche, die im 18. Jahrhundert barockisiert wurde. Der gotische Schnitzaltar im südlichen Seitenschiff ist einen Blick wert. Am Kommunbrauhaus vorbei geht es zum Maximiliansplatz. Haus für Haus möchte bewundert werden. Besonders keck sticht das frühere Amtsgericht mit seinen Treppengiebeln hervor. Schlendern wir durch den Krähwinkel, um noch mehr Fachwerk und pittoreske Gässchen zu bestaunen. Schließlich macht auch ein Spaziergang um die äußere Stadtmauer Spaß.

Gehen Sie langsam. Schließen Sie mal die Augen. Lauschen Sie. Schnuppern Sie. Vielleicht klafft ganz kurz eine Zeitspalte auf: Wir brauchen uns ja nicht gleich in eine brandschatzende Reiterhorde hineinzudenken. Ein mittelalterlicher Markttag tut es auch.

In der Gastwirtschaft Ehrlich im benachbarten Watzendorf Sülze essen – so hautnah und kulinarisch ursprünglich können Sie Oberfranken sonst nirgendwo erleben!

12

Startpunkt für die **Radtour durch den Itzgrund:**
Landestheater Coburg
Schloßplatz 5
96450 Coburg
www.guide-to-bavaria.com/de/Oberfranken-Radweg-Radwanderweg-Rodach-Itzgrund-Radweg.html

Zwischenstopp bei der
Brauerei Schleicher
Coburger Straße 22
96274 Itzgrund-Kaltenbrunn
09533 229
www.brauerei-schleicher.de

DIE NASE IM WIND

Radtour durch den Itzgrund

Die Strecke zwischen Coburg und Bamberg durch den frisch-grünen Itzgrund eignet sich hervorragend für eine Radtour. Auch ich habe ab und zu die 50 Kilometer zwischen alter und neuer Heimat auf dem Drahtesel zurückgelegt. Wer zum Ausgangspunkt zurück möchte, kann sich auf die Bahn verlassen. Wie – Sie wollen so richtig in die Pedale treten? Dann starten Sie doch in Bad Rodach und stocken Sie auf 70 Kilometer auf!

Der Rodach-Itzgrund-Radweg hat wenig Steigung, gut asphaltierte Wege und ausreichend Möglichkeiten zur Stärkung am Wegesrand. Wir steigen also beschwingt in den Sattel und radeln zu Füßen der Langen Berge bis Meeder. Hier ist ein Besuch im Friedensmuseum zu empfehlen. In Meeder feiert man nämlich noch das Coburger Friedensfest in Erinnerung an das Ende des Dreißigjährigen Krieges. Weiter geht es durch das Zentrum von Coburg, Richtung Untersiemau, wo Fotofreaks gerne das pittoreske Wasserschloss vor die Linse nehmen.

Nun radeln wir parallel der B4 nach Süden. Eine wohlverdiente Pause nach 40 Kilometern Radeln ist in Kaltenbrunn in der Brauerei Schleicher angesagt. Legen Sie mal den Kopf in den Nacken: Ein Storchenpaar hat sich hier eingenistet. Sollten Sie die zarten Coburger Klöße, die schon auf dem Teller zerfließen, noch nicht versucht haben – tun Sie es jetzt. Stilecht mit Rindfleisch und Meerch (Meerrettich) und einem Krug Storchen-Bier.

Derart gestärkt nehmen wir es wieder mit der Straße auf. Bis Lahm ist es nur ein Katzensprung, dort lohnt ein Blick in die Schlosskirche; die Barockorgel ist ein Werk des Orgelbauers Heinrich Gottlieb Herbst aus dem frühen 18. Jahrhundert. Ein Verwandter von Johann Sebastian Bach, Johann Lorenz Bach, spielte sie bereits. Den Schlüssel für die Kirche bekommen Sie beim Pfarramt. Nächste Imbissstation ist die Brauerei Fischer in Freudeneck. Nun schließt sich der Main-Radweg an, auf dem wir bis in die UNESCO-Stadt Bamberg rollen.

Wenn Sie in Bamberg beginnen und in Bad Rodach enden, schließen Sie den sportlichen Tag doch mit Entspannung pur im Thermalbad ab – die Muskeln danken es Ihnen.

18

Brauerei Fischer
Freudeneck 2
96179 Rattelsdorf
09547 488
www.hahnerla.de

Obere Mühle
An der Itz 11a
96179 Rattelsdorf
09547 1783
www.muehlenboote.de

BIER WIE BERNSTEIN

Brauerei Fischer

Sie liegt gleich an der Itz, in einem Dorf, dessen Name Glück verheißt: Freudeneck. Nicht nur kulinarisch, nein, es geht hier vor allem um Entspannung, Loslassen, darum, Zeit zu haben und sich Zeit zu gönnen. Eile war mal, jetzt sitzen wir bei Fischer in Freudeneck und trinken ein Seidla, und wenn wir Dusel haben, gehört unser Mobilfunkanbieter zu denen, die Schwierigkeiten haben, Freudeneck durchgehend zu bedienen.

Sonntags kann es schon mal sein, dass das Lokal brummt wie ein Bienenstock. Denn Insider kennen die kleine Brauerei in Freudeneck und schätzen das süffige, bernsteinfarbene Bier. Mir persönlich fällt jedes Mal das Logo auf den Krügen auf: ein Fischer in einem Boot. Klar, die Brauerei trägt den Namen Fischer, und gefischt werden kann gleich ein paar Meter weiter in der Itz. Dort ist auch der Parkplatz für jene, die nicht als Radler oder Wanderer kommen. Sei's drum. Ein paar Minuten auf der Brücke stehen und in den Fluss schauen, das viele Grün genießen, Atem schöpfen – beste Einstimmung!

Der Wirt kommt heute mit dem Zapfen gerade so rum. Kurzfristig ist es doch noch Sommer geworden. Die Tische zwischen Brauerei und Wirtshaus sind alle besetzt. Eingeweihte wissen Bescheid und besorgen sich auch schon mal selbst einen Biertisch und Bänke. Die Gaststube ist mit ihren blankgeschrubbten Tischen gemütlich und rundum bodenständig. Heute bestellen wir den Klassiker der Freudenecker Braukunst: das helle Lagerbier mit dem angenehmen Stammwürzegehalt von 12%. Die Brauerei hat auch saisonale Extras wie Bockbier im Angebot.

Fischer ist bekannt für seine Hausmacher-Brotzeiten, nach Wahl mit Brot oder Bratkartoffeln. Wer die fränkischen Spezialitäten erst noch entdecken will, beginne mit Sülze (dazu gehören die Zwiebelringe) oder der Platte aus rotem und weißem Presssack und Leberwurst.

Zur Kirchweih Ende August gibt es Schlachtschüssel. Aber vermutlich wenig Platz. Die Gäste sind jedoch immer gerne bereit, ein Stück zusammenzurücken.

Gehören Sie zur Spezies der Wasserratten? In der Oberen Mühle in Rattelsdorf gibt es Kanus zu mieten – und eine Menge Anregungen, wo das Paddeln Spaß macht.

14

Planetenweg
Startpunkt: unterhalb des Klosters Banz
96231 Unnersdorf

Nähere Informationen:
Kur und Tourismus Service Bad Staffelstein
Bahnhofstraße 1
96231 Bad Staffelstein
09573 33120
www.bad-staffelstein.de

ASTRONOMIE AM WEGESRAND

Planetenweg und Kloster Banz

Von Pluto zur Sonne oder umgekehrt? Egal welche Reihenfolge Sie wählen: Der Planetenweg führt in einem Maßstab von etwa 1:800.000.000 durch das Weltall respektive das Obere Maintal, von Unnersdorf bei Bad Staffelstein (von Pluto, dem sonnenfernsten Planeten) nach Untersiemau bei Coburg (zur Sonne). Eine Wanderung ist die Chance, die gigantischen Dimensionen des Sonnensystems zu erleben. Zusätzlich gibt es Kunst, Kultur und – wir sind in Franken! – allerhand Möglichkeiten zum Einkehren.

Ich wende mich gern der Sonne zu. Wir wandern also von Pluto, strenggenommen »nur« ein Zwergplanet, zur Sonne. Bei Unnersdorf gleich am Fuß des Banzer Berges liegt unser Startpunkt. (Wer weiß, ob dieser angesichts des am Rande unseres Sonnensystems neu entdeckten 10. Planeten eines Tages noch der Startpunkt sein wird?) Es wird schnell steil. Durch Obstgärten geht es hinauf. Kloster Banz liegt direkt vor (oder über) uns. Die ehemalige Benediktinerabtei wurde nach ihrer Zerstörung Anfang des 16. Jahrhunderts erst 1719 von den Brüdern Dientzenhofer völlig neu errichtet. Gemeinsam mit der Basilika Vierzehnheiligen auf der anderen Seite des Mains bildet Kloster Banz ein unvergleichliches mit der Landschaft verschmelzendes Ensemble.

Zurück zu den Planeten. Der Weg ist gut ausgeschildert. Bald ist Neptun erreicht, der zweite blaue Planet im Sonnensystem. Weiter geht es durch den Wald, 4,8 Kilometer bis Uranus. Während des Wanderns bleibt genug Zeit, sich den Merksatz einzuprägen, mit dem man die Reihenfolge der Planeten im Kopf behält: **M**ein **V**ater **e**rklärt **m**ir **j**eden **S**onntag **u**nsere **N**eun **P**laneten.

Nach Uranus ist allerdings schon die Hälfte des elf Kilometer langen Wegs geschafft. Nur noch drei Milliarden Kilometer! Vorbei am Gasriesen Saturn, bergab, erreichen wir bald Untersiemau, doch bis zur Sonne sind noch ein paar Planeten abzuklappern: Jupiter, Mars, Erde, Venus und Merkur.

Jährlich im Juli findet auf der Wiese vor Kloster Banz ein spezielles Open-Air-Konzert statt: Lieder auf Banz. Die Liedermacher spielen sogar bei Regen auf.

15

Basilika Vierzehnheiligen
Vierzehnheiligen 2
96231 Bad Staffelstein-Vierzehnheiligen
09571 95080
www.vierzehnheiligen.de

Brauerei Trunk
Vierzehnheiligen 3
96231 Bad Staffelstein-Vierzehnheiligen
09571 3488
www.brauerei-trunk.de

GENIESTREICH AM OBERMAIN

Basilika Vierzehnheiligen

Dem Schäfer Hermann Leicht war bereits zweimal das Jesuskind erschienen. Im Juni 1446 sah er es mit einem Gefolge von 14 weiteren Kindern. Es stellte seine Begleiter als die 14 Nothelfer vor und bat: »Baut an diesem Ort eine Kapelle!« Kurz darauf wurde, so heißt es, eine todkranke Magd wie durch ein Wunder geheilt, nachdem man die 14 Nothelfer angerufen hatte. Unmittelbar danach kamen erste Wallfahrer zum Ort des Geschehens. Bis heute ist Vierzehnheiligen vor allem ein Pilgerort. Ruhe wird man rund um die Basilika in der Wallfahrtssaison kaum finden.

Die Basilika entstand im 18. Jahrhundert nach Plänen von Balthasar Neumann. Ihre Grundausrichtung geht auf einen Baufehler zurück. Neumann hatte den Schnittpunkt von Querschiff und Längsschiff exakt über dem Erscheinungsort angelegt. Der Bauleiter jedoch verschob die Kirche ein Stück nach Osten, die Gnadenstätte kam nun mittig im Langhaus zu liegen – an vollkommen unspektakulärer Stelle. Neumann zeigte einmal mehr sein Genie: Er teilte den Kirchenraum durch ovale Raumkörper, sogenannte Rotunden, neu auf. Das größte und prächtigste Oval setzte er direkt über die Erscheinungsstätte: die Gnadenrotunde. Legen Sie mal den Kopf in den Nacken – vielleicht bekommen Sie Lust, ein paar Tanzschritte zu machen? So viel Rokoko beschwingt!

Heute noch betreuen die Franziskaner und mehrere kirchliche Bildungshäuser die Pilger. Aber auch das leibliche Wohl darf nach einer kräftezehrenden Wanderung nicht zu kurz kommen: Stärken Sie sich mit einem Nothelfer-Bier in der Brauerei Trunk gleich hinter der Basilika. Hier zweigt unter anderem der Wanderweg zum Staffelberg ab. Veranschlagen Sie zum Gipfel etwa anderthalb Stunden.

Parken Sie Ihr Auto in Wolfsdorf und nehmen Sie den Fußweg zur Basilika. Im Spätsommer fällt auch mal ein Apfel als Wegzehrung vom Baum …

16

Staffelberg
Startpunkt: Wanderparkplatz
96231 Bad Staffelstein-Loffeld

Weitere Informationen:
Kur und Tourismus Service Bad Staffelstein
Bahnhofstraße 1
96231 Bad Staffelstein
09573 33120
www.bad-staffelstein.de

ZAUBERHAFTER GOTTESGARTEN

Wanderung auf den Staffelberg

Seit 2008 darf sich der Hausberg von Bad Staffelstein im Landkreis Lichtenfels zu Bayerns schönsten Geotopen zählen. Doch auch ohne offizielles Geo-Gütesiegel war und ist der 539 Meter hohe Staffelberg ein Ort der Inspiration. Der Blick von den Felsen auf der Westseite zum Kloster Banz über den »Gottesgarten« genannten Abschnitt des Obermaintals bringt nicht nur Naturfreaks ins Schwärmen.

»Wallfahrer ziehen durch das Tal mit fliegenden Standarten; hell grüßt ihr doppelter Choral den weiten Gottesgarten.« – Dieser Vers aus dem *Frankenlied* von Victor von Scheffel zeigt es: Die Franken lieben ihren Staffelberg. Und nicht nur sie – Touristen, Kurgäste und Klettercracks stürmen ihn an warmen Tagen geradezu.

Wer auf dem Staffelberg Zeit und Ruhe zum Innehalten sucht, erwandert ihn am besten gegen Abend. Idealer Startpunkt ist der Wanderparkplatz in Loffeld. Gehen Sie unter der Brücke durch und halten Sie sich rechts auf dem breiteren Weg, der in großzügigen Serpentinen nach oben führt, vorbei an einer Herde schottischer Hochlandrinder. Sie wohnen einem kurzen Besuch gleichmütig bei. Für einen Spaziergang sollten Sie eine knappe Stunde bis zum Gipfel veranschlagen. Bald sehen Sie den Alten Staffelberg in nordöstlicher Richtung liegen. Ein Trampelpfad durch die Wiesen direkt zum Plateau empfiehlt sich bei trockenem Wetter. Der Weg führt das letzte Stück durch den Wald, gibt zwischendurch den Blick nach Norden auf die Basilika Vierzehnheiligen frei und endet direkt unterhalb der Staffelbergklause. Gönnen Sie sich ein Radler und eine Portion fränkische Bratwürste mit Sauerkraut. (Dienstag geschlossen!)

Den herrlichsten Blick in die fränkischen Lande bieten die Felsen am westlichen Ende des Plateaus. Der Weg führt an den Überresten eines keltischen Oppidums vorbei. Eine Attraktion ist das Querkelesloch – eine vor Urzeiten vom Wasser ausgespülte Höhle im Riffdolomit. Die Querkelen waren der Sage nach gutmütige Wichtel, die allerdings auch gerne mal einer Bäuerin die Klöße aus dem Topf stibitzten.

Steigen Sie bei trockenem Wetter und ausreichend Tageslicht über den Karlsteig ab – er beginnt am südwestlichen Plateaurand und endet kurz vor Loffeld.

17

Rundwanderweg auf den **Veitsberg**
Startpunkt: Wanderparkplatz Dittersbrunn
96250 Ebensfeld

Nähere Informationen:
Tourist Information Ebensfeld
Rinnigstraße 6
96250 Ebensfeld
09573 96080
www.ebensfeld.de

Die Lande um den Main zu Ihren Füssen

Rundweg Veitsberg

Eigentlich heißt er Ansberg, der 460 Meter hohe Hausberg der Marktgemeinde Ebensfeld. Doch der Volksmund spricht nur vom Veitsberg, nach dem Heiligen Vitus oder Veit, einem der 14 Nothelfer von Vierzehnheiligen. Vom 11. bis 14. Jahrhundert erhob sich auf dem Gipfel des Berges eine Burg, vermutlich war deren Kapelle bereits dem heiligen Veit geweiht. Von der mittelalterlichen Ausstattung sind noch zwei Kirchenglocken erhalten.

Der Veitsberg will erwandert werden. Beispielsweise gleich vom Staffelberg oder bequem vom Wanderparkplatz über Dittersbrunn aus. Das Plateau rund um die Wallfahrtskirche wurde vor wenigen Jahren freigeholzt, sodass die Anlage mit den alten Lindenbäumen heute noch besser zur Geltung kommt. Der Lindenkranz rund um die Kirche gilt als älteste geschlossene Lindengruppe Europas. Von hier oben schweift der Blick über das Obermaintal, den »Gottesgarten«, bei gutem Wetter bis Bamberg, zur Rhön und zum Thüringer Wald. Anders als der prominentere Staffelberg hüllt sich der Veitsberg meist in Ruhe und Stille. Im späten Abendlicht hat das Gipfelplateau etwas Mystisches.

In der Wallfahrtskirche, nach Plänen von Johann Dientzenhofer gestaltet, finden noch Gottesdienste statt; dies ist auch die einzige Möglichkeit, die Kirche von innen zu besichtigen. Ein Guckloch gibt den Blick auf den barocken Innenraum frei. Wer möchte, kann mit einer Spende die Erhaltung der Kirche unterstützen. Darum jedenfalls bittet ein Messingschild: »Lieber Wanderer/blick hinein/und leg auch dein Scherflein ein.«

Nachdem Sie sich mit einer mitgebrachten Jause aus dem Rucksack gestärkt haben, bietet es sich an, zur Küpser Linde weiterzuwandern – eigentlich nicht eine, sondern zwei majestätische, als Naturdenkmäler geschützte Linden. Die Wege sind ausgeschildert. Von dort führt der Rundweg (13 Kilometer) über Kümmel zurück nach Dittersbrunn und zum Veitsberg.

Genug gewandert? Auf zum Chillen in die Obermain Therme nach Bad Staffelstein! Es erwarten Sie Bayerns wärmste und stärkste Thermalsole, Sauna und Wellness.

18

Valentinikapelle
Michael-Küchel-Straße 1
96199 Zapfendorf-Unter-
leiterbach
www.pfarrei-zapfendorf.de

BAROCKISSIMO IM KLEINSTFORMAT

Valentinikapelle in Unterleiterbach

Auf der Fahrt über die Staatsstraße 2197 von Bamberg nach Bad Staffelstein führt der Weg durch Unterleiterbach. Hier steht linkerhand eine kleine barocke Kapelle. Spielzeughaft wirkt sie, fast als habe jemand sie dort zufällig abgestellt; sie könnte größenmäßig beinahe Teil einer Modelleisenbahn sein. Die frühere Flurkapelle ist heute von einem Friedhof umgeben. Sie liegt so unscheinbar parallel zur Straße, dass man zunächst seinen Augen nicht trauen will. Eine solche Kostbarkeit – einfach so, ohne Besichtigungstrubel, Kramerbuden und überdimensionierte Busse? Stattdessen führt ein schmaler Weg ins Grün hinaus, gesäumt von Apfelbäumen, die zur passenden Jahreszeit den ärgsten Hunger von Wanderern oder Radlern stillen.

Die Regentschaft des Bamberger Fürstbischofs Friedrich Karl Graf von Schönborn verschaffte Franken eine Reihe von architektonischen Glanzlichtern des Barock, die ihresgleichen suchen. Neben der berühmten Basilika Vierzehnheiligen gehört auch die Valentinikapelle zu jenen Bauwerken, die auf Initiative und Geschmack der Familie Schönborn zurückgehen. Mit der Planung beauftragt wurde Johann Jakob Michael Küchel. Er hatte auch Pläne für die Gestaltung der Basilika Vierzehnheiligen eingereicht, jedoch war ihm Balthasar Neumann als Baumeister vorgezogen worden.

Bereits seit etwa 1500 befand sich eine dem Heiligen Valentin geweihte Fachwerkkapelle in Unterleiterbach. Nachdem diese baufällig geworden war, optierten die Unterleiterbacher im 18. Jahrhundert für einen Neubau. Küchel entschied sich für eine Konstruktion, wie er sie ursprünglich für die Basilika Vierzehnheiligen vorgesehen hatte: ein Zentralbau, der durch einen Längsbau durchdrungen wird, kreuzförmig sozusagen, die Mitte bildet eine überkuppelte Rotunde.

Die Bemalung des Innenraumes geht auf Giovanni Francesco Marchini aus Como zurück. Das Kuppelfresko zeigt illusionsmalerisch die Aufnahme des heiligen Valentin in den Himmel.

An einem heißen Sommertag empfiehlt sich die Weiterfahrt nach Ebing, wo Sie am Südrand des Ortes im Baggersee baden und auf der Liegewiese Sonne tanken können.

Bamberg, Forchheim und Fränkische Schweiz

19

Kaiserdom
Domplatz 2
96049 Bamberg
www.bamberger-dom.de

Weitere Informationen:
Domtouristik
Domplatz 5
96049 Bamberg
0951 5022512

Symbol des Fränkischen Roms

Der Kaiserdom

Der Bamberger Dom gehört mit seinem eindrucksvollen Sitz über der Stadt sicher zu den Hauptzielen eines Besuchs im Fränkischen Rom. 1007 gründete der spätere Kaiser Heinrich II. das Bistum Bamberg, 1012 wurde der erste Dom geweiht. Das heutige Bauwerk ersetzt nach zwei Bränden die vorherigen Kirchen, weiterhin mit zwei Chören und vier Türmen ausgestattet. Besonders schön, wie ein Scherenschnitt, präsentieren sich seine Umrisse im Abendlicht.

Verbinden Sie einen Besuch der Bischofskirche mit einem Spaziergang! Aus der Innenstadt kommend steigen Sie die Karolinenstraße bergan. Der Domplatz öffnet sich bald in all seiner Weite. Wenn Sie die Stufen zum Dom erklommen haben, wenden Sie sich um: Es bietet sich ein herrlicher Blick bis zum Fränkischen Jura.

Eine Führung durch den Dom lotst Sie zu seinen berühmtesten Werken: Zu ihnen gehören zweifelsohne der Bamberger Reiter, der bescheiden auf seinem Pferd sitzt, und das von Tilman Riemenschneider gestaltete Kaisergrab. Sofern es möglich ist, die Krypta zu besichtigen, tun Sie es: Sie ist ein Ort suggestiver Kraft.

Und nun mein Extra – verlassen Sie den Dom durch die schmale Türe neben dem Veit-Stoß-Altar. Von hier aus wenden Sie sich nach rechts Richtung Domstraße. Wenn Sie sich einige Schritte weiter umdrehen, erkennen Sie hoch oben im Südwestturm die Köpfe steinerner Ochsen. Mit der Kraft dieser Tiere wurden die Bausteine in luftige Höhe transportiert. Den vierbeinigen Helfern wollte man so ein Denkmal setzen. Genießen Sie den Blick auf die Fassaden der Domherrenhäuser und gehen Sie die Domstraße weiter – ein fast mediterran anmutendes, enges Gässchen, das beim Missionshaus Sankt Heinrich wieder auf die Karolinenstraße trifft. Weiter geht es noch ein kurzes Stück bergauf, am »Torschuster« vorbei und dann gleich wieder abwärts, nach links in die Maternstraße. Nach der Maternkapelle biegen Sie links in den Domgrund ein. Von hier haben Sie noch einmal einen prächtigen, unverstellten Blick auf den Kaiserdom.

Ein Fernglas oder gutes Teleobjektiv ist nützlich, um die Feinheiten der Architektur zu bewundern. Etwa die innen an die Decke des Domes gemalten Fratzen.

20

Am Domberg liegt die Neue Residenz
Domplatz 8
96049 Bamberg
0951 519390

Theater der Schatten
96029 Bamberg
0951 500391
www.theater-der-schatten.de

ORTE, DIE GESCHICHTE ATMEN

Domberg

Der Domplatz ist ein Ensemble wie aus dem Geschichtsbuch. Man muss sich nur Autos und Hinweisschilder wegdenken, um ein paar Jahrhunderte in die Vergangenheit zurückzureisen. Das Bild beherrschen – neben dem mittelalterlichen Dom – die Alte Hofhaltung, die auf die Kaiserpfalz von Kaiser Heinrich II. zurückgeht, die barocke Neue Residenz und schließlich die Domherrenhöfe gegenüber dem Ostchor.

Hier häufen sich Bambergs Superlative. Eindrucksvoll die Fachwerkbauten der Alten Hofhaltung mit ihren Laubengängen, wo sommers die Geranien blühen. Sie geben dem ansonsten von steinerner Kunst beherrschten Domberg etwas Malerisch-Buntes. Die 1.000-jährige Geschichte der Stadt spielt das Theater der Schatten in der Katharinenkapelle nach (von Mai bis Oktober): *Licht und Schatten in Bamberg*. Im Juli erleben Theaterfreunde die Alte Hofhaltung als Komplettkulisse, wenn die Schauspieler des E. T. A.-Hoffmann-Theaters bei den Calderón-Festspielen sich die Ehre geben.

Barock präsentiert sich die Neue Residenz, errichtet unter Fürstbischof Lothar Franz von Schönborn, fertiggestellt im Jahr 1703. Ein Rundgang durch die prunkvollen Innenräume lohnt sich allemal. Noch beeindruckender sind jedoch die zahlreichen Handschriften und Bücher der Staatsbibliothek Bamberg, zu denen es immer wieder Sonderausstellungen gibt. Berühmteste Handschrift des Hauses ist die Bamberger Apokalypse, die mittlerweile zum Weltdokumentenerbe der UNESCO gehört. Sie ist der einzige komplett erhaltene ottonische Bilderzyklus zur Offenbarung des Johannes. Im Kloster Reichenau entstand das Werk um das Jahr 1000. Die Handschrift, eine der bedeutendsten Miniaturhandschriften des Mittelalters, besteht aus 106 Pergamentblättern und 56 meist ganzseitigen Bildern.

Beschließen Sie Ihren Besuch in der Neuen Residenz im Rosengarten, umgeben von mehr als 4.000 Rosenbüschen, barocken Gartenskulpturen von Ferdinand Tietz und mit einem zauberhaften Blick über die Dächerlandschaft Bambergs.

Nach dem Abstieg vom Domberg soll es ein hausgemachtes Eis im Café Riffelmacher auf der Oberen Rathausbrücke sein! Köstlich!

21

Kloster St. Michael
Michaelsberg 10
96049 Bamberg
Startpunkt:
Grünhundsbrunnen
96049 Bamberg

Der Pelikan
Untere Sandstraße 45
96049 Bamberg
0951 603410
www.pelikan-bamberg.de

RUHE IM TRUBEL

Spaziergang zum Kloster St. Michael

Selbst in einer Weltkulturerbestadt wie Bamberg, in der sich im Sommerhalbjahr viele Touristen tummeln, gibt es sie: jene Ruheplätze, wo man noch in aller Entspanntheit eine echte, unverfälschte Atmosphäre genießen kann. Zum Beispiel auf einem Spaziergang zum Kloster Michaelsberg. Lassen Sie die ausgetretenen Besucherpfade links liegen; promenieren Sie stattdessen durch Obstgärten!

Das Kloster St. Michael sehen Sie schon aus der Innenstadt: Es liegt hoch, höher als der Kaiserdom, ein wenig weiter weg, aber nicht weniger erlebenswert. 1015 gegründet, durchlief das Benediktinerkloster eine wechselvolle Zeit der Um- und Neubauten. Heute ist in dem Gebäude ein Seniorenheim untergebracht.

Der schönste Aufstieg zu Fuß zum Michaelsberg führt über die Sandstraße und den Grünhundsbrunnen. Dabei erleben Sie bereits das verwinkelte Bamberg mit seinen italienisch anmutenden Gässchen. In der Aufseßstraße treten Sie direkt hinter dem Haus St. Egbert rechts durch das schmale Tor und folgen dem Pfad. Bald passieren Sie den neu angelegten Weinberg am Südhang des Klosters. Dahinter führen enge und teils ziemlich wackelige Treppen hinauf zu einem der prächtigsten Aussichtspunkte Bambergs: Auf Höhe des Klosters sehen Sie weit ins Land hinein, bei schönem Wetter bis zum Staffelberg und zu Giechburg und Gügel. Die Kirche mit ihrer eindrucksvollen Deckenbemalung (knapp 600 im 17. Jahrhundert bekannte Pflanzen und Kräuter sind dort dargestellt) kann leider wegen Renovierungsarbeiten auf absehbare Zeit nicht besichtigt werden.

Zum Abstieg nehmen Sie die steile Treppe an der Ostseite der Klosteranlage; dann links halten und dem Erthalweg durch den Obstgarten folgen. Sie verlassen die Klosteranlage durch eine Tür in der Mauer und treten zurück in die Stadt. Von hier sind es nur ein paar Schritte zum *Pelikan*, wo Sie bei einem Bockbier oder, wenn es nicht fränkisch sein soll, bei einem Guinness im Biergarten entspannen können.

Besuchen Sie das Brauereimuseum in den Gewölben der ehemaligen Benediktiner-Braustätte und erfahren Sie, wie aus Hopfen und Malz ein kühles Blondes wird.

22

ERBA-Park
Fabrikbau
96049 Bamberg

Café Zuckerl
An der Spinnerei 27
96047 Bamberg
0951 96439392
www.cafe-zuckerl.de

Bienen-InfoWabe
Bienenweg 1
96047 Bamberg
www.bienen-leben-in-bamberg.de

Bienenleben und Wasserspaß

ERBA-Park

Nur zwei Kilometer von der Innenstadt entfernt entstand 2012 der Bayerischen Landesgartenschau wegen ein neuer Stadtteil im Nordwesten Bambergs. Zwischen den beiden Regnitzarmen am oberen Zipfel des Bamberger Inselgebiets, genannt ERBA-Insel oder ERBA-Park, bilden 17 Hektar einen weitläufigen Landschaftspark mit Spiel- und Sportplätzen, Kleingartenanlage, Café, Faltbootclub und vor allem viel Weitblick und Grün. Der Name ERBA leitet sich ab von der »Erlanger-Bamberger Baumwollspinnerei«, die von 1858 bis 1993 im Stadtteil Gaustadt Baumwolle verarbeitete. Einige Fabrikbauten stehen noch, etwa der denkmalgeschützte ERBA-Turm, und prägen das Ensemble mit einem für eine mittelalterliche Stadt zunächst ungewohnten Industriestil. Für mich ist der Spaziergang von der Innenstadt »auf die ERBA« immer auch ein Ausflug in eine andere Welt.

Kinder lieben den riesigen Wasserspielplatz, wo geplanscht und gematscht werden darf und manch feuchtes Abenteuer zu bestehen ist. Rutsche und Kletterturm werden zum Piratenschiff, und der farbenfrohe hölzerne Papagei hoch oben behält den Überblick über das bunte Treiben. Die Wiesen und Bänke rundum bieten ausreichend Platz für Picknicks. Frisch gebrühten Kaffee sowie vegetarische Köstlichkeiten offeriert das Café Zuckerl. Beete, Hecken und Uferböschungen sind naturnah gestaltet: ein Rückzugsgebiet für Tiere. Um eine besonders fleißige Spezies, die Biene, kümmern sich die Imker von der *Bienen-InfoWabe*. Zwei Bienenvölker haben hier ein Zuhause gefunden, ein Klassenzimmer im Grünen, wo Kinder und Erwachsene zwischen Ostern und September viel über Naturschutz, Honig und den Beitrag der Bienen zu unserer Nahrungserzeugung lernen. Höchst anschaulich sind die Kräutergärten und Beete, die zeigen, welche Bepflanzung den Bienen – und damit den Menschen – gut tut. Sogar Imkerkurse werden angeboten! Den hier erzeugten Honig können Sie ab Mitte Juli an Ort und Stelle kaufen; für ein gesundes Frühstück mit Souvenircharakter.

Ein Spaziergang von der Innenstadt am linken Regnitzarm zum ERBA-Park dauert etwa 30 Minuten, mit den ÖPNV sind es circa zehn Minuten vom Zentrum (Haltestelle »An der Spinnerei«). Für PKWs gibt's die ERBA-Tiefgarage.

DAS FRÄNKISCHE ROM

Mediterranes Bamberg

1007 gründete Heinrich II. in Bamberg sein Bistum. Seither hat sich das Fränkische Rom, das auf sieben Hügeln erbaut und UNESCO-Weltkulturerbe ist, vielfach verändert. In den letzten 25 Jahren wurde aus einem verschlafenen Provinzstädtchen eine bunte und umtriebige Studentenstadt, die auf vielen Gebieten, sogar im Sport (Basketball!), einiges zu bieten hat.

Zunächst fallen die vielen Kirchen und Klöster ins Auge. Bamberg ist eine durch und durch katholische Stadt. Auf der Fronleichnamsprozession reihen sich die Zünfte in ihren traditionellen Gewändern aneinander. Diese Pflege alter Bräuche ist für die einen authentische Frömmigkeit, für die anderen schlicht Folklore – die Stadt bietet vielen Meinungen Raum.

Da größere Schäden während des Zweiten Weltkrieges ausblieben, hat Bamberg sein spätmittelalterliches und an vielen Stellen barockes Gesicht bewahren können. Diese neue Kunstrichtung, die in Italien und Frankreich schon längst entfaltet war, konnte aufgrund der Verheerungen durch den Dreißigjährigen Krieg in Bamberg erst zu Beginn des 18. Jahrhunderts Fuß fassen. Vor allem die Fürstbischöfe der Schönborn-Dynastie haben am barocken Aufblühen Bambergs Anteil, aber auch die Baumeister der Familie Dientzenhofer und Balthasar Neumann. Ein besonders eindrucksvolles Juwel aus jener Zeit ist das Palais Concordia direkt an der Regnitz, wo heute das internationale Künstlerhaus beheimatet ist.

Ein grüner und sehr ruhiger Teil Bambergs geht auf das Leben und Arbeiten jüdischer Hopfenhändler zurück: Das Hainviertel war bis zur Mitte des 19. Jahrhunderts sumpfiges Schwemmland. Ein Spaziergang dort bringt den Besucher in Kontakt mit den Wohn- und Geschäftshäusern reicher jüdischer Familien. Ein wahres Kleinod ist die Villa Dessauer in der Hainstraße, wo inzwischen die Stadtgalerie ein Zuhause gefunden hat. Nicht weit weg liegt übrigens das Wohnhaus der Familie Lerchenfeld, deren Tochter Nina im Jahr 1933 Claus Schenk Graf von Stauffenberg heiratete. Nach dem Krieg baute Nina von Stauffenberg das Anwesen wieder auf. Sie lebte hier bis kurz vor ihrem Tod im Jahr 2006.

Am heutigen Synagogenplatz, nur eine Gehminute entfernt, erinnert ein Mahnmal von Joachim Bandau an die ermordeten und geflüchteten Juden der Stadt Bamberg. Die neue Synagoge befindet sich in der Willy-Lessing-Straße.

Bambergs zweite Seele nach dem historischen Stadtkern ist die Gärtnerstadt. Ein Rundgang zwischen Memmelsdorfer Straße, Heiliggrabstraße und Mittelstraße, aber auch im Stadtteil Wunderburg macht dies besonders deutlich. Die Gärtnerhäuser waren eingeschossige Häuser mit einer breiten Durchfahrt zu den dahinter liegenden Wirtschaftsflächen. Im 15. Jahrhundert machten die Gärtner und Häcker (sie bewirtschafteten die Weinberge an den Westhängen der Stadt) eine geradezu sprunghafte Entwicklung durch – die Freilandgärtnerei brachte den Bambergern ihren Spitznamen »Zwiebeltreter« ein.

Bleibt noch, einen Blick auf das studentische Bamberg zu werfen. Die Gebäude der Universität (Erstgründung 1647, Wiedergründung 1972) sind in der ganzen Stadt verstreut. Nach dem Abschluss der Bayerischen Landesgartenschau im Herbst 2012 bildet ein Teil dieses Geländes mittlerweile einen Campus, wo sich etliche Institute befinden. Dennoch: Herzstück der akademischen Subkultur ist vor allem die Austraße, eine Kneipen- und Kreativmeile in unmittelbarer Nähe der Fußgängerzone. Wer hier im Sommer einen Sonnenplatz in einem Straßencafé ergattert, wohnt einem Treiben wie auf dem Laufsteg bei. Erwähnenswert sind auch das musikalische und kulturelle Programm im Jazzkeller in der Sandstraße (Lesungen, Konzerte und mehr), das wunderbar unkonventionelle nana theater am Unteren Kaulberg mit dem alle 14 Tage stattfindenden Krimi-Leseschmaus *Leichen im Keller* sowie die Haas-Säle in der Sandstraße, wo Konzerte, Kabarett und Tanzabende veranstaltet werden. Einen verregneten Urlaubsabend können Sie getrost im Programmkino Lichtspiel in der Unteren Königstraße verbringen. Das Lichtspiel wurde vielfach für sein exzellentes Jahresfilmprogramm, Dokumentarfilmprogramm, Kinderfilmprogramm und Kurzfilmprogramm ausgezeichnet, unter anderem vom Kulturstaatsministerium Bayern und vom *FilmFernsehFond* Bayern. 2011 wurde es darüber hinaus für das beste Kinoprogramm Deutschlands geehrt.

23

Stadtpark Hain
Mühlwörth
96047 Bamberg

Bootshaus im Hain
Mühlwörth 18a
96047 Bamberg
0951 24485
www.bootshaus-restaurant.de
www.buergerparkverein.de

DAS DUNKELGRÜNE HERZ DER STADT

Stadtpark Hain

Der Stadtpark Hain, im Süden der Stadt zwischen dem rechten und dem linken Regnitzarm, ist einer der ältesten Bürgerparks in Bayern. Dass er ursprünglich aus einem Auwald hervorging, ist noch heute überdeutlich: dichtes Grün, altehrwürdige Bäume, Fledermäuse und viel Wasser zu beiden Seiten. Geografisch und stilistisch bildet der Hain den Kontrapunkt zur ERBA-Insel im Norden der Stadt.

Touristen verirren sich kaum in die ausgedehnte Parkanlage. Dafür kommen die Einheimischen umso lieber: um Federball zu spielen, Geburtstagspartys im Grünen zu feiern oder zu joggen. Auch E. T. A. Hoffmann suchte in seinen Bamberger Jahren (1808–1813) den Hain als Inspirationsort auf.

Der ideale Hainspaziergang beginnt am Mühlwörth und führt den linken Regnitzarm entlang. Gegenüber sehen Sie die Villa Concordia am Ufer. Sie passieren die Schleuse 100, den nördlichen Zipfel des alten Ludwig-Donau-Main-Kanals. Weiter geht es am Flussufer entlang. Legen Sie eine Pause im Bootshaus ein. Die Bamberger lieben es, bei schönem Wetter auf der Terrasse bei Kaffee und Kuchen oder einer deftigen Brotzeit den Kajakfahrern zuzusehen. Gleich nebenan ist die Hainbadestelle, im Volksmund immer noch schlicht »das Hainbad« – eines der ältesten Flussbäder Deutschlands.

Der Uferweg führt Sie unter der Hainbrücke hindurch zu der Stelle, wo E. T. A. Hoffmann den sprechenden Hund Berganza traf; der Gedenkstein steht bescheiden am Wegrand. An der Buger Spitze, wo sich der Fluss teilt, können Sie ein Tretboot mieten und den Fluss stromaufwärts erkunden. Zu Fuß geht es am rechten Regnitzarm zurück zum Jahnwehr. Dort wenden Sie sich nach links, zum Botanischen Garten und zum Hainweiher. Der »kleine« Hain ist still und idyllisch. Ein Lieblingsplatz für Tagträumer! Im Winter drehen hier Schlittschuhläufer ihre Pirouetten. Der Spaziergang klingt aus: Passieren Sie die Tennisanlage und schlüpfen Sie durch den Tunnel unter dem Berliner Ring zurück in die Stadt.

Die kleine Brücke an der Buger Spitze führt Sie über den linken Regnitzarm; folgen Sie dem Uferweg über verwinkelte Treppenpfade zurück in die Altstadt oder setzen Sie mit der Gierseilfähre über.

24

Altenburg
Startpunkt: Im Domgrund
96049 Bamberg

Restaurant Altenburg
Altenburg 1
96049 Bamberg
0951 56828
www.restaurant-altenburg.de
www.bambergerbahnen.de

BAMBERGS HÖCHSTER GIPFEL

Spaziergang zur Altenburg

1109 erstmals urkundlich erwähnt, wurde die im Westen Bambergs auf dem gleichnamigen Berg thronende Burg im 19. Jahrhundert von Grund auf restauriert, nachdem der Bamberger Arzt Adalbert Friedrich Marcus die verfallende Anlage erworben hatte. Vor allem wegen des grandiosen Blicks über die Stadt und weit ins Umland hinein lohnt sich ein Ausflug zur Altenburg. Regionale Spezialitäten erwarten den Gast im Restaurant Altenburg.

Mit den Bamberger Bahnen kommen Sie zwar bequem hinauf – doch eine Wanderung auf Bambergs höchsten der sieben Hügel ist die Anstrengung allemal wert. Von der Innenstadt gehen Sie durch den Domgrund immer bergauf und folgen für wenige Meter den Wegweisern zur Altenburg. Allerdings nehmen Sie dann nicht die breite Altenburgstraße, sondern biegen in die enge Ziegelgasse ein, dann rechts in die Gartenstraße. Steigen Sie hinter dem Brentano-Theater links in den Feldweg ein. Der Pfad führt durch Wiesen und Felder bis hinauf zur Altenburg, die Sie bereits aus der Ferne sehen und nicht mehr verfehlen können.

Vom Parkplatz knapp unterhalb der Burg führen Stufen bis zum Gipfel. Wenn Sie noch Puste haben, bietet sich eine erweiterte Wanderung an, die Sie einmal um die Altenburg herumführt. Folgen Sie der Straße wenige Meter zurück Richtung Stadt, bevor der Weinbergweg Sie rechterhand (neben dem grünen Tor) ins Dickicht lotst (auch dies ein Krimi-Schauplatz: *Kirchweihmord*, Meßkirch, Gmeiner 2005). Bleiben Sie nun auf diesem Weg, über den Sie die Westseite des Altenburgberges erreichen, mitten durch die Natur. Nachdem Sie den Berg beinahe umrundet haben, nehmen Sie den asphaltierten Weg und überwinden die restlichen Meter bis zur Burg. Links, etwas abseits im Wald, liegt das Grab von Adalbert Friedrich Marcus. Durchstreifen Sie gemächlich den Burghof, bevor Sie, idealerweise über Rübezahlweg und Teufelsgraben, wieder in die Innenstadt zurückwandern.

Die nostalgische Bamberger Bahn bringt Sie in einer etwa einstündigen Rundfahrt über sechs Hügel auch zur Altenburg. Abfahrt ist am Dom zur vollen Stunde.

25

Mahr's Bräu
Wunderburg 10
96050 Bamberg
0951 915179
www.mahrs.de

Führungen Gärtnerstadt.
Bamberk
Christian Erik Berkenkam
Erlichstraße 93
96050 Bamberg
0951 17317
www.bamberk.de

Jeder Laune ihr Bier

Mahr's Bräu

Nun entführe ich Sie also in die Wunderburg. Ich mag den Stadtteil. Er liegt abseits der Touristenrouten und ist immer noch dörflich geprägt, irgendwie ruhiger und gemütlicher als der Rest der Stadt. Ein ausgedehnter Spaziergang führt zu Gärtnereien und kleinen Höfen. Am Ulanenplatz sitzend den Blick auf den roten Kirchturm von Maria Hilf zu genießen und ein wenig Inspiration für einen neuen Krimi zu tanken, bereitet Vergnügen und ist obendrein gratis. Gleich hinter der Wunderburgkirche liegt dann Mahr's Bräu. Auf geht's!

Unter dem knappen Dutzend Bamberger Brauereien eine herauszuheben, ist schlicht unanständig. Denn sie alle sind mit ihren vielen Biersorten empfehlenswert – jeder Laune ihr Bier, so möchte man meinen. Darum habe ich auch keine spezielle Lieblingsbrauerei. Ich wechsele durch. Mahr's Bräu kommt dran, wenn ich einfach mal jenseits des Main-Donau-Kanals unterwegs sein will, um im dörflichen Ambiente die Batterien aufzuladen. Außerdem gibt's bei Mahr's leckeres Essen bis spät am Abend, und besonders hat es mir – wie vielen Besuchern – die niedrige Gaststube mit den großen Fässern angetan, aus denen Tag für Tag frisch gezapft wird. Der schummrige Raum mit dem Kachelofen hat vermutlich seit 100 Jahren wenig Veränderung erfahren. Außerdem ist es durchaus üblich, den eigenen Biersiphon mitzubringen und einen Liter zapfen zu lassen, um – stolz – die Kanne wieder nach Hause zu tragen.

Und letztlich geht es genau darum: um das Bier. Kommen wir also zur Sache. Ich mag am liebsten das spritzige Helle: Eine Stammwürze von 11,2, ein Feldwebel, der ein Zwei-Euro-Stück tragen würde, und ein süffig-herber Geschmack, ein wenig hopfig, genau richtig. Es hat unter anderem 2016 die Auszeichnung World Beer Idol in Bronze und 2017 dieselbe in Silber gewonnen. Viele Stammgäste schwören auf das Ungespundete, das hefetrüb im Glas funkelt und auch ein wenig mehr Alkohol mitbringt als das Helle. Übrigens haben neben dem Hellen fast alle anderen Biere aus dem Mahrs-Braukessel internationale Auszeichnungen gewonnen.

Verbinden Sie Ihren Ausflug in die Wunderburg mit einem ausgedehnten Spaziergang oder einer Führung zu den »Tatorten« der Bamberger Gärtner – einst und jetzt.

26

Stadtgebiet Sand
Startpunkt:
Dominikanerstraße
96049 Bamberg

Weinstube Pizzini
Obere Sandstraße 17
96049 Bamberg
0951 56389

KUNST UND KNEIPEN, HAND IN HAND

Unterwegs im Stadtgebiet Sand

Das Bamberger Sandgebiet putzt sich jährlich zur Sandkirchweih Ende August als ausgeflippte Partymeile heraus. Seinen besonderen Charme entfaltet es jedoch in den Morgenstunden, wenn der Spaziergänger ganz für sich allein durch das Kneipenviertel streift, hier und da Überbleibseln einer ausschweifenden Nacht begegnend. Dann gibt das Viertel den Blick auf seine zauberhafte, beinahe mediterrane Seele frei.

Mitten in der Stadt und doch abseitig, fast dörflich. Am frühen Vormittag, wenn der durchschnittliche Tourist noch nicht auf Achse ist, schlägt die Stunde des Sands. Mittlerweile sind die Straßen asphaltiert, teils sogar gepflastert. Doch das Viertel zwischen Markusbrücke und Dominikanerstraße, Regnitz, Dom- und Michaelsberg steht auf sandigem Untergrund. Man befindet sich also »im Sand«.

Die Sandstraße hat sich einen Namen als Kneipenmeile gemacht. Unzählige Bistros, Weinstuben, Bierschenken, Restaurants und Cafés aller Couleur reihen sich hier aneinander. Für jeden Geschmack ist etwas dabei. Seit der Neugestaltung im Jahr 2009 ist die Sandstraße außerdem verkehrsberuhigt – der Espresso schmeckt also auch im Freien. Doch nicht nur gastronomisch hat der Distrikt seinen eigenen Charakter, sondern auch künstlerisch: DAS Kunstwerk des Viertels ist der älteste noch erhaltene Kreuzweg Deutschlands (aus dem Jahr 1503), der an der Elisabethkirche seinen Ausgangspunkt nimmt und über den Michaelsberg nach Sankt Getreu führt. Nicht sakral ist das jüngste Opus: Es steht in der Gestalt eines Apoll des Künstlers Markus Lüpertz direkt vor St. Elisabeth.

Erkunden Sie das Sandgebiet von der Dominikanerstraße aus, schlendern Sie bis zur Markusbrücke, bei Lust und gutem Wetter noch weiter bis zum Ende der Unteren Sandstraße, wo Sie direkt am Regnitzufer zurückkehren und dem Leinritt folgend den Blick auf Klein Venedig genießen. Biegen Sie ins Sandbad ab und durchstreifen Sie die (touristenfreien) Gässchen bis zur Kasernstraße, wo Sie wieder auf die Sandstraße stoßen.

Besonders stimmungsvoll und ein Inspirationsort für Bamberger Kreative ist die Weinstube Pizzini.

27

Sandkerwa im Stadtgebiet Sand
96049 Bamberg

Nähere Informationen:
Bamberg Tourismus und Kongress Service
Geyerswörthstraße 5
96047 Bamberg
0951 2976200
www.bamberg.info
www.sandkerwa.de

EIN GLÜCK FÜR LEIB UND SEELE

Sandkerwa im Stadtgebiet Sand

Eine fränkische Kerwa – zu hochdeutsch: Kirchweih – ist in allererster Linie ein Erlebnis für die Sinne. Besonders für den Geruchs- und Geschmackssinn: Popcorn, gebrannte Mandeln, Bratwurst, Steckerlfisch … Dabei steht der kirchlich-religiöse Ursprung des Festes keineswegs im Widerspruch zum fröhlichen (oft auch feuchten) weltlichen Treiben. Umso schlimmer, dass im Jahr 2017 aufgrund von Verwerfungen zwischen Veranstalter und Stadt Bamberg das Undenkbare geschah: Die berühmteste fränkische Kirchweih, die Bamberger Sandkerwa, fiel aus, zu hoch seien die Kosten für die Sicherheit. 2018 ist der Neustart geglückt.

Seit 1950 findet die Sandkerwa im Sandgebiet statt, schwappt aber schon längst über dieses hinaus. Fünf Tage wird gefeiert, dafür ist das letzte Augustwochenende reserviert, am Donnerstag geht es los. Es lohnt sich, schon einen Tag vorher einen Spaziergang durch die Örtlichkeiten des Geschehens zu machen. Da werden die Buden aufgebaut, die Wimpel gehisst, die Krüge bereitgestellt. Noch kann man sich hier fortbewegen, als wäre nichts weiter los. 24 Stunden später sieht die Sache anders aus.

Die Besucher stauen sich in den Gassen, mitunter geht für Minuten gar nichts mehr vorwärts. Nichts für Leute, die in der Enge nervös werden. Sie erleben die wilde Sause entspannter von der Peripherie aus. Die besten Möglichkeiten: Einen Cappuccino in der Caffèbar am Kranen trinken, mit Blick auf die Untere Brücke und das jenseitige Regnitzufer. Anschließend durch die Fischerei zur Markusbrücke ziehen, von dort aus den Leinritt ins Visier nehmen und vielleicht einen Platz an einem Tisch gleich am Wasser ergattern. Hier weht ein frischer Wind und die Häuser im bunt geschmückten Klein Venedig leuchten ganz besonders romantisch. Wem das schon zu voll ist: Wandern Sie die Elisabethstraße hinauf Richtung Dom, lehnen Sie sich über die Brüstung und beobachten Sie Spaß und Spannung ganz unbeschwert von oben.

Der Krimi zur Sandkirchweih: Kirchweihmord, Meßkirch, Gmeiner 2005.

28

Naturkundemuseum
Fleischstraße 2
96047 Bamberg
0951 8631249
www.naturkundemuseum-bamberg.de
www.vogelsaal.de

BESUCH BEI »MOBBL«

Naturkundemuseum

Franken ist ein fossilienreicher Landstrich. Bei einer Wanderung auf dem Staffelberg etwa finden Sie garantiert die eine oder andere Versteinerung. Warum nicht mehr über vergangene Erdzeitalter in dieser Gegend erfahren? Das Naturkundemuseum führt Ihnen zahlreiche regionale Funde aus ferner Vergangenheit vor, darunter das erst 2018 entdeckte, 150 Millionen Jahre alte und 220 Kilo schwere Fossil einer Riesenschildkröte, liebevoll »Mobbl« genannt; das gewichtige Präparat, die größte Juraschildkröte weltweit, zog im Februar 2020 in die Sonderausstellung *Frankenland am Jurastrand* ein. Diese ist ein wirkliches Highlight des Museums. Sie begreift sich als Fenster in die obere Jurazeit vor 150 Millionen Jahren, als ein tropisches Meer das (ober-)fränkische Land bedeckte. In den Plattenkalken eines Steinbruchs beim nahe Bamberg gelegenen Wattendorf wird seit 2004 nach Fossilien gegraben. Man hat etliche spektakuläre Versteinerungen bergen können, außer »Mobbl«, deren Präparation an die 1.000 Arbeitsstunden in Anspruch nahm, unter anderem Quastenflosser, Haie, Flug- und Schlangensaurier.

Vom Meer geht's in die Lüfte: Kein Besucher kommt an der Pracht des Vogelsaales vorbei. Mit einer Grundfläche von 200 Quadratmetern und einer Höhe von acht Metern beeindruckt er – frühklassizistisch ganz in Weiß gehalten und von einem Spiegelgewölbe überspannt – allein durch seine Ausmaße. Üppige Putten und Fruchtdarstellungen fügen dem Ensemble einen barocken Anklang hinzu. In der unteren Etage werden exotische und europäische Vögel gezeigt, auf der Galerie Amphibien, Reptilien und andere Tiere.

Brauchen Sie frische Luft nach dem Streifzug durch vergangene Zeitalter? Entspannen Sie im grünen Innenhof des ehemaligen Jesuitenkollegs gleich beim Museum, am besten im Schatten der 200 Jahre alten Japanischen Walnuss.

Oder Sie schlendern nach dem Museumsbesuch durch die Austraße – Bambergs studentische Café- und Kreativmeile zwischen Museum und Uni.

29

Brauhaus Zum Sternla
Lange Straße 46
96047 Bamberg
0951 28750
www.sternla.de

DA BRAUT SICH WAS ZUSAMMEN!

Brauhaus Zum Sternla

Gleich am unteren Ende der Langen Straße sehen Sie ein niedriges lachsrosa gestrichenes Haus. Durch die Schwemme kommen Sie in die Gaststube – rustikal geht es hier zu, häufig auch laut, an massiven Holztischen wird Schafkopf gespielt. Die Einheimischen kennen sich, aber auch die Gäste genießen die urige Atmosphäre und die nahrhaften Speisen. Eines der wenigen Lokale in Bambergs Altstadt, wo sich Bamberger und Touristen ganz locker mischen.

Beim Studieren der Speisekarte in Bambergs ältestem Wirtshaus (seit 1380!) erweitern Sie zudem Ihre Kenntnisse der Landessprache. Denn die Liste ist auf Fränkisch mit hochdeutscher Übersetzung. Die benötigen auch langjährig in Franken ansässige Gäste, weil Fränkisch in gedruckter Form so ungewohnt ist, dass man die Wörter halblaut vor sich hinmurmeln muss. Der Aha-Effekt lässt nicht lange auf sich warten: »Wurschdsälohd« steht für »Wurstsalat«, und »Bfannaschnidsl« ist ein Pfannenschnitzel. Deftig eben. Die Portionen sind groß, das Essen bodenständig. Dazu gehört selbstverständlich ein süffiger Gerstensaft, den das Sternla nach umfangreichen Umbauten seit Herbst 2019 selbst braut. Das Lokal mutierte damit vom »Gasthaus zum Sternla« zum »Brauhaus zum Sternla«! Sternla Export, Sternla Märzen und diverse andere Biere werden wie üblich in Franken im 0,5-Liter-Krug serviert, welcher Seidla heißt. Weil der Franke aber ein Profi in Sachen »leben und leben lassen« ist, kann der Gast zum Verkosten den Gerstensaft auch im 0,25-Glas bestellen.

Angeboten werden zusätzlich Bierverkostungen und Braukurse, damit Bierfans sich ihr eigenes fränkisches Dolce Vita erschaffen können. Wer mitbraut, darf zu diesem Zweck das neue Sudhaus kennenlernen. Sobald die warme Jahreszeit zur Hochform aufläuft, wird der Garten eröffnet. Dann heißt es: Chillen abseits der nur wenige Meter entfernten Innenstadt!

Sie hatten schon zwei Bier, haben noch Durst, aber ein drittes wäre zu viel? Bestellen Sie einen »Schnitt« – ein gut eingeschenktes halbes »Halbes«.

30

Schönstatt-Zentrum Marienberg
Dörrnwasserlos 50
96110 Scheßlitz-Dörrnwasserlos
09542 7635
www.marienberg.net

Confiserie Storath
St.-Martin-Straße 18
96110 Scheßlitz-Stübig
09542 773961
www.storath.shop

DIE RAKETENBASIS HAT AUSGEDIENT

Schönstatt-Zentrum Marienberg bei Dörrnwasserlos

Oberfranken lebt von seinen kleinen und mittleren Gebirgszügen. Wer den Rundumblick genießen möchte, hat auf dem Marienberg bei Dörrnwasserlos gute Chancen: 563 Meter über dem Meeresspiegel bietet sein höchster Punkt eine grandiose Aussicht bis zum Thüringer Wald im Norden, zur Rhön im Westen, zum Fichtelgebirge im Osten und weit über die Fränkische Schweiz Richtung Süden.

Der Marienberg, so könnte man sagen, hat sich bekehrt. Zu Zeiten des Kalten Krieges unterhielt das amerikanische Militär hier eine Raketenbasis der NATO. Der Standpunkt war ideal: Eine der höchsten Erhebungen der Gegend, nicht weit von den Grenzen zur DDR und der Tschechoslowakei entfernt.

Nach 1989 hatte die Basis ausgedient. Das Gelände lag brach. Kurzzeitig richteten Trappisten ihr Kloster auf dem Areal ein; heute ist es ein Zentrum der katholischen Schönstatt-Bewegung. Auch wer nicht nach Spiritualität und innerer Einkehr sucht, wird von der Stille und der monumentalen Schönheit des Marienbergs begeistert sein. Wenn nicht gerade Kirchweih gefeiert oder gewallfahrt wird, herrscht unerwartete Ruhe. Fahren Sie von Scheßlitz kommend nach Norden Richtung Stübig und biegen Sie dort nach links ab. Kurz nach dem Dorf Dörrnwasserlos weist ein Schild den Weg zum Marienberg. Parkplätze sind ausreichend vorhanden; wer mit dem E-Bike kommt, findet eine Ladestation vor.

Während der Wind – je nach Jahreszeit – singt oder pfeift, schlendern Sie über die Wiesen von Raketenrampe zu Raketenrampe. Einige hat die Natur zurückerobert, sie sind unter Gras und Büschen beinahe verschwunden. Andere wirken so, als seien sie eben erst verlassen worden. Das Gelände ist weitläufig, der Weg schlängelt sich an den Gebäuden der Begegnungsstätte vorbei bis hinauf zur Kapelle. Der Vorplatz ist wie ein Amphitheater angelegt. Eine Windrose am nördlichen Ende des Plateaus gibt Auskunft über die Namen der Gipfel in der näheren und ferneren Umgebung. Während der Blick weit ins Land schweift, lüftet der Geist.

Die Confiserie Storath in Stübig verkauft Pralinen ab Werk – nur fünf Minuten Fahrt vom Marienberg entfernt.

31

Hübner Bräu
Steinfeld 69
96187 Stadelhofen-
Steinfeld
09207 259
www.huebner-braeu.de

SETZEN, ESSEN, TRINKEN!

Hübner Bräu in Steinfeld

Nach der Wanderung im Paradiestal lohnt es sich, in Steinfeld bei Hübner Bräu einzukehren. An warmen Tagen lockt der Biergarten. Die Wirtsstube betreten Sie durch eine niedrige Tür. Der Gast aus anderen deutschsprachigen Regionen mag zunächst Verständigungsprobleme fürchten doch ins Fränkische hört man sich schnell ein, und bei einem kühlen Bier heben sich die Sprachgrenzen bald von selbst auf.

Hübner Bräu besteht seit circa 1720. Es ist eine der kleinen, in Familientradition geführten Privatbrauereien, wie man sie in Oberfranken noch zahlreich findet. Die Landbrauereien bieten den industrialisierten, homogenen Biersorten auf den Getränkekarten städtischer Restaurants seit Langem erfolgreich die Stirn. Im globalisierten Dorf schätzt der Biertrinker umso mehr das Individuelle, das nicht überall zu haben ist, sondern vornehmlich dort, wo es entsteht. Dass Brauen ein Handwerk ist, wird in Steinfeld erlebbar. Das Hübner-Bier ist süffig, vollmundig, gebraut mit Wasser vom Fränkischen Jura und Hopfen aus der Hallertau. Zur Kirchweih gibt es das etwas stärkere Festbier. Selbstverständlich gebraut nach dem bayerischen Reinheitsgebot von 1516, aber das braucht man in Oberfranken nicht extra zu erwähnen. Durstige können gleich einen Kasten mit nach Hause nehmen.

Doch Hübner Bräu braut nicht nur ein exzellentes Bier, sondern bietet zu den Hausmacherbrotzeiten auch Schnäpse aus eigener Brennerei an – je nach Saison Kirschwasser, Birnenbrand, Korn. (Donnerstag ist Ruhetag!)

Von der Gastwirtschaft sind es nur 100 Meter bis zur Wiesentquelle. Überqueren Sie die Hauptstraße, weiter geht's nach rechts und dann folgen Sie der Beschilderung. Die Quelle liegt bescheiden und idyllisch da und wird von den Steinfeldern liebevoll geschmückt. Typisch fränkisch sind die mit selbstbemalten Eiern geschmückten Gebinde zur Osterzeit. Ach, und denken Sie eine Weile nicht an Ihr Handy: No service available.

Kosten Sie den Bierschnaps aus der hauseigenen Brennerei – ein besonderer fränkischer Genuss!

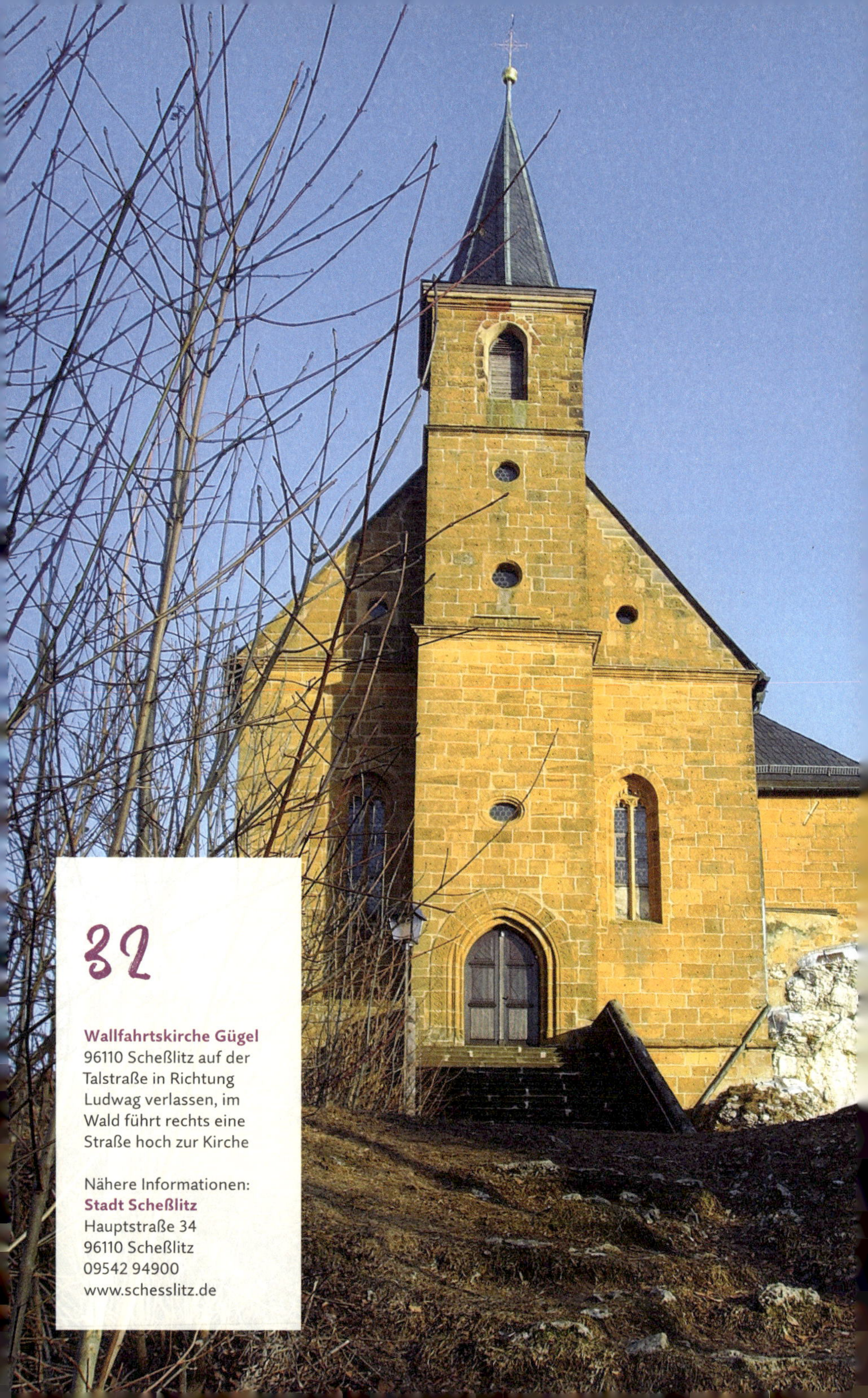

32

Wallfahrtskirche Gügel
96110 Scheßlitz auf der Talstraße in Richtung Ludwag verlassen, im Wald führt rechts eine Straße hoch zur Kirche

Nähere Informationen:
Stadt Scheßlitz
Hauptstraße 34
96110 Scheßlitz
09542 94900
www.schesslitz.de

EIN KIRCHLEIN AUF DEM FELSEN

Wallfahrtskirche Gügel bei Zeckendorf

Aus Bamberg über die A 70 nach Osten in Richtung Bayreuth fahrend (alternativ über die Landstraße Richtung Memmelsdorf / Scheßlitz) thronen die Giechburg und die Wallfahrtskirche Gügel im Morgenlicht wie Scherenschnitte auf ihren dem Fränkischen Jura vorgelagerten Hügeln. 1430 verwüsteten die Hussiten Scheßlitz und den Gügel, der, wieder aufgebaut, neun Jahre später geweiht wurde. Nach der Säkularisation sollte das Kirchlein versteigert werden. Doch dieses Vorhaben scheiterte am Widerstand der Bevölkerung.

Die Kirche mit dem ungewöhnlichen Namen erhebt sich auf ihrem Felsen wie ein Schiff auf dem Dock. Der Ausblick Richtung Westen nach Bamberg ist einer der schönsten der Gegend, ebenso der Blick über den Fränkischen Jura nach Osten. Am beschaulichsten ist es, den Gügel zu Fuß zu ersteigen. Den Wagen lässt man unterhalb der Giechburg auf dem Wanderparkplatz (von Scheßlitz aus den Wegweisern nach Zeckendorf folgen).

Der Wanderpfad beginnt am Waldrand an einem Marterl und entspricht einem Kreuzweg mit 14 Stationen, der auf dem Gügel endet. Auch bei schönem Wetter kann man hier in aller Ruhe und Einsamkeit spazieren gehen. Der Weg führt ein Stück durch den Wald, quert eine breite Wiese, bis der Anstieg allmählich steiler wird und erneut in den Wald mündet. Nun sind es nur noch wenige Minuten zum Gipfel.

Die breite Freitreppe der Kirche führt zum Westeingang hinauf. Dieser ist allerdings nur zu besonderen Anlässen geöffnet. Sonst betritt man die Kirche an der Südseite, klettert eine schmale Treppe hinauf, mitten hinein in den Fels, wird durch enge Gänge am Heiligen Grab vorbei über ein Wendeltreppchen in den Kirchenraum geführt.

Besonders schön im Inneren ist der Hochaltar, der eine Ansicht des Gügels vor der Silhouette Bambergs zeigt. Die Menschen im Umland sind ihrem Gügel eng verbunden. Gut ein Dutzend Wallfahrten im Jahr beleben den Bergkegel.

Unternehmen Sie einen Abstecher zum Schloss Seehof in Memmelsdorf. Im Sommerhalbjahr erfreut besonders der Schlosspark mit seinen Wasserspielen.

33

Brauerei Hönig
Gasthof zur Post
Ellerbergstraße 15
96123 Litzendorf-Tiefenellern
09505 391
www.brauerei-hoenig.de

Chillen am Fuß der Fränkischen Alb

Brauerei Hönig in Tiefenellern

Auf dem Weg in die Fränkische Alb durch das beschauliche Ellertal erreicht der hungrige Ausflügler bald Tiefenellern, die letzte Ortschaft, bevor es in haarnadelartigen Serpentinen den Ellerberg hinaufgeht. Nicht weit entfernt erheben sich die beiden höchsten Gipfel des Landkreises Bamberg, der Geisberg mit knapp 600 Metern und der etwas kleinere Stammberg. Die Landschaft wird rauer – Zeit für eine Rast, am besten unter freiem Himmel.

Von Bamberg kommend fahren oder radeln Sie das Ellertal entlang. In Litzendorf grüßt Sie huldvoll das herrschaftliche Pfarrhaus. Weiter geht es nach Lohndorf. Dieser Landstrich wird mitunter als Fränkische Toskana bezeichnet – das satte Grün, die sanften Wellen der Hügel vermitteln dem Auge und dem Herzen Ruhe. Seit der Jahrtausendwende gibt es hier auch Inspiration für Künstler und Kunstfreaks: den fränkischen Skulpturenweg. Es macht Spaß, sich Zeit zu nehmen, um die teils sehr massigen Werke rund um Lohndorf auf sich wirken zu lassen. Die Rohmaterialien stammen aus der Umgebung, die Künstler aus vieler Herren Länder.

Dann geht's weiter nach Tiefenellern. Radfahrer müssen gut in die Pedale treten. Belohnt werden Sie mit einer Jause in einem urigen, völlig untouristischen Bierkeller. Merke: In Franken geht man »auf« den Keller, bedeutet: in den Biergarten. Selbst an heißen Sommertagen weht ein frischer Wind über den Hügel oberhalb der Brauerei und der Gastwirtschaft, wo die Bierbänke und -tische aufgestellt sind. Für Bier und Brotzeit gilt wie auf vielen Kellern: Selbstbedienung. Zum Sortiment der Brauerei, die übrigens schon seit 1478 besteht, gehören Pils, Weizen, Lager und das süffige, bernsteinfarbene, rauchige Posthörnla; sein Name erinnert an die Poststation, die bis 1911 an Ort und Stelle stand. Sollte das Wetter nicht mitspielen, bietet das Gasthaus genug Platz. Schließlich ist die kalte, bierkellerlose Jahreszeit elend lang, in Tiefenellern allerdings angenehm unterbrochen durch den Bockbieranstich am letzten Freitag im Oktober. Zum Weihnachtsfest braut man einen Hellen Bock und ein Weihnachtsbier.

Wandervergnügen pur im Ellertal: Machen Sie sich auf zur Jungfernhöhle, einem 1951 entdeckten neolithischen Kultplatz zwischen Tiefenellern, Herzogenreuth und Laibarös.

34

Schloss Weißenstein
Schloss 1
96178 Pommersfelden
09548 98180
www.schoenborn.de

EIN BAROCKES JUWEL

Schloss Weißenstein

Wenn Sie von Norden her nach Pommersfelden kommen, sehen Sie das Schloss schon bald: Es überragt alle anderen Gebäude im Ort. In nur sieben Jahren Bauzeit hat Lothar Franz von Schönborn, Erzbischof von Bamberg und Bischof von Mainz sowie Erzkanzler des deutschen Reichs, ein barockes Sommerdomizil geschaffen. Sozusagen die (dreiflügelige) Datscha des Fürstbischofs.

Lothar Franz von Schönborn (1655–1729) war der zweite Mann im Staat nach dem Kaiser. Ihm wird nachgesagt, er sei den irdischen Genüssen keineswegs abgeneigt gewesen. Dies gilt ebenso für die architektonischen und künstlerischen Freuden. Für die Bauplanung war Johann Dientzenhofer zuständig. Die Familie Schönborn sorgt auch heute noch für eine möglichst originalgetreue Erhaltung.

Schließen Sie sich unbedingt einer Führung an. Allein das lichtdurchflutete Treppenhaus lohnt den Besuch. Legen Sie den Kopf in den Nacken: Das Deckenfresko mit dem Götterhimmel hat der Illusionsmaler Giovanni Francesco Marchini im Barockstil ausgestaltet.

Der verrückteste Raum im Schloss ist die Sala Terrena – die Grotte. Sie liegt ebenerdig nach Norden mit Blick auf den Schlosspark. Der Eindruck von Kühle wird durch künstliche, von den Lüstern und in den Fensterwölbungen hängende Eiszapfen verstärkt. Unmöglich zu zählen, wie viele Muscheln Teil der extravaganten Dekoration sind. Es heißt, im 18. Jahrhundert seien Grotten der letzte Schrei gewesen.

Direkt über der Grotte befindet sich der Marmorsaal. Hier finden auch die Schlosskonzerte statt. Die große Galerie enthält die Kunstsammlung von Lothar Franz. Der passionierte Sammler hatte seine Neffen an die 2.000 Gemälde aus ganz Europa zusammentragen lassen, von denen sich heute noch etwa 600 im Schloss befinden. Doch letztlich ist das ganze Schloss vor allem eins: ein gewaltiges Kunstwerk.

Einen Euro in den Schlitz am Drehkreuz werfen – schon sind Sie im Schlossgarten. Lustwandeln Sie einmal um den Teich, während der Wind mit dem hohen Gras spielt. Vielleicht sehen Sie die zarten Ohren eines Rehs aufblitzen …

85

Kellerhaus
Kellerberg 1
96178 Pommersfelden
09548 982198
www.kellerhaus-pommersfelden.de

ZWISCHEN HIMMEL UND ERDE

Kellerhaus

In Sichtweite von Schloss Weißenstein liegt, hoch oben zwischen Wiesen und Feldern, das Kellerhaus. Von hier haben Sie einen sagenhaften Blick ins Land am Fuß des Steigerwaldes – und natürlich auf das Schloss. Das Kellerhaus ist Café, Restaurant, Kulturtreff und Inspiration in einem. Vom Schlossparkplatz aus in einer halben Stunde gemütlich erklommen, lässt es sich auch mit dem Auto oder Fahrrad optimal ansteuern.

Die barocke Nachbarschaft hat etwas für sich. Nicht nur, dass der Blick von der Terrasse des Kellerhauses auf Pommersfelden und Schloss Weißenstein unübertroffen ist. Die Ästhetik und die künstlerischen Ambitionen aus dem Ort und dem Schloss setzen sich auf ihre Weise hier oben im Grünen fort. Wechselnde Kunstausstellungen nähren die Fantasie: eine Flötistin hockt selbstvergessen unter einer Eiche. Hoppla, sie ist »nur« eine Skulptur. Ein Gast schlendert von der Terrasse auf die Wiese, um den Ausblick zu genießen, kehrt dann zu seinem Cappuccino zurück und gibt sich entspannt der Zeitung hin – er ist »echt«. Die Gespräche am Nebentisch tröpfeln gemächlich dahin. Man muss einfach den Blick schweifen lassen. Über die Kunst streiten können wir immer noch!

Ob Jazz-Frühschoppen, Vernissagen oder Zaubershow – das Kellerhaus befeuert die Sinne des Gastes. Verwöhnt wird man hier von Kunst und Natur, aber auch von der fabelhaften Küche. Mögen Sie Salat? Probieren Sie unbedingt das Honig-Senf-Dressing dazu. Pastasüchtig? Hausgemachtes Pesto würzt die Nudeln so richtig stilvoll. Da Sie nachher sowieso noch eine kleine Wanderung vorhaben: Schlagen Sie ruhig bei den Kuchen aus eigener Herstellung zu. Oder darf es vielleicht ein Eis sein? Zweimal monatlich lockt das Lokal mit einem Schlemmerfrühstück (reservieren!). Gehen wir davon aus, dass auch Lothar Franz von Schönborn, der Herr über Schloss Weißenstein, ein Genießer war – im Baulichen wie im Kulinarischen –, dann sollten Sie dem Fürstbischof bei Ihrem Besuch in Pommersfelden in nichts nachstehen!

Von Oktober bis März wartet das Kellerhaus mit einer besonders süßen Versuchung auf – Trüffelpralinen, hausgemacht.

36

Brauerei-Gasthof Kundmüller
Weiher 13
96191 Viereth-Trunstadt-Weiher
09503 4338
www.kundmueller.de
www.solar-label.de

GEBRAUT MIT SONNENKRAFT

Brauerei-Gasthof Kundmüller in Weiher

Ein gutes Dutzend Brauereien in Deutschland sind es, die derzeit das zertifizierte Label »Solarbier« auf ihre Flaschen kleben dürfen. Gebraut wird klima- und ressourcenschonend ausschließlich unter Rückgriff auf erneuerbare Energien. Zum erlesenen Kreis ökologisch handelnder Brauereien gehört auch die Brauerei Kundmüller in Weiher, bei der ein Großteil der Sorten solare Biere sind und einige sogar das begehrte Bio-Siegel tragen.

Eine Zeit lang habe ich ganz in der Nähe gewohnt. Mein früheres wie heutiges Lieblingsbier bei Kundmüller ist das Weiherer Kellerbier. Es ist ein traditionelles Zwickl, das naturtrüb, unfiltriert im Krug schäumt. Das ideale Bier für alle, die gerade den steilen Hügel zwischen Viereth und Weiher per pedes oder Rad erklommen haben. Sportsfreunde schätzen die vielen Nährstoffe, die im Gegensatz zum filtrierten Gerstensaft noch in Fülle vorhanden sind. In Weiher Gebrautes hat bei etlichen internationalen Bierwettbewerben Preise geholt, 2017 etwa Gold beim Meiningers International Craft Beer Award für den Weiherer Bock Bourbon Style.

Zwei recht junge Kundmüller-Sorten sind das Urstöffla (allein der Name ist ein Genuss) und das Weiherer Keller-Pils. Ersteres ist ein Tipp für Dunkelbierfans, sehr hopfig, sehr kräftig, mit einer Stammwürze von 12,6 Prozent und 5,2 Prozent Alkohol. Das zweite ist unfiltriert, naturtrüb, geschmacklich die leichtere, spritzigere Variante: Stammwürze 11,3 Prozent; 4,9 Prozent Alkohol. Beide Biere sind gebraut aus feinsten Bio-Zutaten fränkischer Herkunft und abgefüllt in die guten alten Bügelverschlussflaschen (wie übrigens fast alle der Weiherer Biere). In lauen Sommernächten empfiehlt sich das bernsteinfarbene Weiherer Summer Ale.

Jetzt muss eigentlich nur noch eine satte Grundlage gelegt werden, kulinarisch, versteht sich, um das flüssige Lebensmittel Bier so richtig zu genießen. Freitags gibt es zum Beispiel den Hausmacher-Leberkäs'. Freunde der Schlachtschüssel finden die passenden Termine auf Kundmüllers Webseite.

Von Bamberg kommend zehn Kilometer bis Viereth radeln, immer am Main-Donau-Kanal entlang, die letzten zwei Kilometer den Berg nach Weiher hinaufstrampeln, bei Kundmüller einkehren: der ideale Ausflug.

37

Altstadt Forchheim
Startpunkt: Rathaus
Hauptstraße 24
91301 Forchheim

Nähere Informationen:
Tourist-Information
Forchheim
Kapellenstraße 16
91301 Forchheim
09191 714338
www.forchheim-erleben.de
www.zollhaus-forchheim.de

KRÖNUNGSORT DER KAROLINGER

Spaziergang durch die Altstadt

Ein Stadtbummel gefällig? Mit pittoresken Eindrücken, Kulturhistorie und Shopping? Das Ganze stressfrei, zu Fuß, und als Höhepunkt die kulinarische Vielfalt Frankens? Dann passt das kleine Forchheim wie geschnitzt zu Ihren Urlaubswünschen: Am Zusammenfluss von Wiesent und Regnitz war es einst Krönungsort von Königen und wurde schon zu Zeiten Karls des Großen urkundlich erwähnt, heute besticht es durch seine Fachwerkpracht und die vielen verspielten Winkel und Gässchen.

Um die Fachwerkfassaden mit ihrem liebevoll hergerichteten Blumenschmuck genießen zu können, bietet sich ein Altstadtspaziergang an. Am besten beginnen Sie am Rathaus – zur Adventszeit der schönste Adventskalender Deutschlands, jedes Fenster wird zum Türchen! Ganzjährig gilt es, einen spaßigen Mitspieler in der Forchheimer Stadtkultur zu bewundern: den Mauerscheißer, ein nacktes Männchen, das vom Magistratsbau dem Betrachter sein entblößtes Hinterteil entgegenstreckt. Weiter geht's über Kaiserpfalz und Salzmagazin zum Katharinenspital. Von dort führt der Weg die Wiesent entlang. Auf den Brücklein ergeben sich immer wieder neue Ausblicke – das Fotografenherz schlägt höher. Verlaufen können Sie sich nicht, Forchheim ist gut ausgestattet mit Hinweisschildern. Die Gehzeitangaben sind mehr als großzügig, aber man will ja auch noch Bilder schießen – oder vielleicht sogar malen? Forchheim ist ein Inspirationsort für Künstler, und Sie finden überall ein stilles Plätzchen für Staffelei und Farbkasten. Wo sollten Sie es probieren mit den Ölfarben, wenn nicht hier? Weichen Sie ruhig einmal in die Seitengässchen aus, auch dort gibt es manch malerische Fassade zu entdecken. Geschäfte und Cafés warten in der Hauptstraße zuhauf. Ein schmales Kanälchen sprudelt hier entlang der Shoppingmeile. Obacht, nicht den Fuß verknacksen! Schattige Bänke zum Ausruhen finden Sie rund um die St. Martinskirche. Zeit zum Träumen von Forchheims mittelalterlicher Geschichte.

Gaumenfreuden verspricht das Restaurant Zum Alten Zollhaus – genießen Sie fränkische Küche garniert mit dem extra Quäntchen Eleganz. Im Sommer im Biergarten direkt an der Wiesent.

38

Schleuse 94
Staatsstraße 2244 am A.
Roth Sand- und Kieswerk
91330 Eggolsheim

Weitere Informationen:
Markt Eggolsheim
Hauptstraße 27
91330 Eggolsheim
09545 444120
www.eggolsheim.de
www.schleuse94.de

Relikt eines alten Traums

Schleuse 94

Im Jahr 1846 war es geschafft: Der Ludwig-Donau-Main-Kanal war fertiggestellt. Das Großprojekt des bayerischen Königs Ludwig I. überwand die europäische Wasserscheide; sie verläuft südöstlich von Nürnberg zwischen Treuchtlingen und Neumarkt in der Oberpfalz. Der Kanal führte von Kehlheim an der Donau nach Bamberg. Insgesamt 100 Schleusen halfen den Schiffen, die Höhenunterschiede auf der 172 Kilometer langen Strecke in jeweils 10–12 Minuten zu überwinden.

Zugegeben: An Karl den Großen werden Sie nicht als Erstes denken, wenn Sie südwestlich von Eggolsheim, an der Straße zwischen Forchheim und Neuses, wenige hundert Meter von der Autobahn entfernt, die Schleuse 94 besichtigen, ein Industriedenkmal von europäischem Rang. Doch schon der Frankenherrscher setzte 793 alles daran, mit seiner Fossa Carolina die Wasserscheide zu überwinden. In den darauffolgenden mehr als 1.000 Jahren wurde kein vergleichbares Unterfangen mehr begonnen.

Die Schleuse 94 ist die einzige begehbare der 100 Schleusen dieser ingenieurtechnischen Meisterleistung namens Ludwig-Donau-Main-Kanal. Sein Nachfolger, der heutige Main-Donau-Kanal, verläuft gleich neben seinem im Jahr 1950 trockengelegten kleinen Bruder. Sie sehen also die Frachtschiffe durch die Wiesen schippern, während Sie die Böschung hinuntersteigen und am Boden des Kanals auf die Schleuse 94 zuschreiten.

Die ehemalige Schleusenkammer, acht Meter hoch, ist gut erhalten, bei der Renovierung 2016 setzte man wieder Schleusentore ein und sanierte die Sandsteinkonstruktion. Das 1983 abgerissene Schleusenwärterhäuschen wurde symbolisch aus Metallverstrebungen nachgebaut und dient als Informationspavillon.

Sie gehen auf den verwitterten Sandsteinplatten am Boden der Kammer entlang. Ein eigenartiges Gefühl: Fast, als besichtige man eine untergegangene und versehentlich wieder aufgetauchte Stadt. Wie klang wohl das Treiben auf dem Kanal um 1900? Wie roch es? Fürs Sinnliche brauchen wir dann doch die Fantasie …

Die letzte Schleuse des Kanals, Nr. 100, können Sie in Bamberg zwischen Leinritt und Treidelpfad noch in Betrieb erleben.

39

Levi Strauss Museum
Marktstraße 31–33
96155 Buttenheim
09545 442602
www.levi-strauss-museum.de

St. GeorgenBräu Keller
Kellerstraße
96155 Buttenheim
0151 18020990
www.georgenbraeu.de

Beinkleid aus Franken

Levi Strauss Museum

Noch vor gut 20 Jahren eine Ruine, präsentiert sich das Geburtshaus von Levi Strauss in Buttenheim heute bestens restauriert in jeansblauem Fachwerk. In der Marktgemeinde zwischen Bamberg und Forchheim erblickte der Vater der blauen Arbeitshose am 26.2.1829 das Licht der Welt. Die ersten 18 Jahre seines Lebens verbrachte er in Franken, dann wanderte er mit seiner Mutter und zwei Geschwistern nach Amerika aus – Startpunkt einer glänzenden Karriere.

Kaum vorstellbar, wie bescheiden die Familie eines Hausierers damals lebte. Wie klein die Schiffskisten waren, die jeder Auswanderer mit über den Atlantik nehmen durfte. Und wie anstrengend schon die Kutschfahrt nach Bremerhaven gewesen sein muss …

In Amerika führte Levi Strauss bald ein anderes Leben. Der Goldrausch gab den Anstoß. Strauss gründete wenige Jahre nach seiner Ankunft in der Neuen Welt einen Handel für Kurzwaren und Textilien in San Francisco. Dort wurden vor allem robuste Arbeitshosen für die Goldsucher gebraucht. Der Schneider Jacob Davis hatte eine Technik erfunden, die »waist overalls«, wie die Hosen damals hießen, an besonders strapazierten Stellen zu vernieten. Strauss und Davis meldeten das Patent für das Vernietungsverfahren gemeinsam an: Ausgestellt am 20.5.1873 schlug mit ihm die Geburtsstunde der Jeans.

Das kultige Levi's-Etikett, das schon im Jahr 1886 existierte, zeigt zwei Pferde, die erfolglos versuchen, eine Jeans zu zerreißen – ihre Unverwüstlichkeit wird zum Mythos, das Beinkleid zum Symbol eines Lebensstils. Levi Strauss starb am 26.9.1902 – keine Jeans-Marke ist bekannter.

Schlendern Sie durch das Erdgeschoss des Museums, wo sich die Wohnung der Familie Strauss befand. Eine Audioführung berichtet aus Sicht Levis von seinem Leben in Buttenheim, dem Traum der Auswanderung und seinem Fortkommen in Amerika. Im ersten Stock bleibt man kopfschüttelnd vor manchem Jeansmodell stehen. Da grüßen ein paar alte Bekannte aus den Vitrinen! Lieblingsplatz mit Begeisterungsfaktor!

Beschließen Sie Ihren Besuch in Buttenheim mit einem Bier und einer deftigen Brotzeit auf dem St. Georgen Keller (am Ortsausgang an der Straße nach Ebermannstadt gelegen).

RAUCHIG – EISIG – SÜFFIG

Oberfranken – Bierfranken

Sind Sie über die Autobahn nach Oberfranken gereist? Dann haben Sie bestimmt über die Info-Schilder mit der Aufschrift »Genussregion Oberfranken – Land der Brauereien« gestaunt. Genießer sind die Franken sowieso. Bier jedoch gehört in dieser Ecke Bayerns zu den Grundnahrungsmitteln. Über 200 Brauereien brauen mehr als 1.000 Biersorten. Im Zeitalter industrialisierter, massenkompatibler, weltweit gleich schmeckender Lebensmittel stehen solche Zahlen für Vielfalt und Individualität.

Vermutlich wird Ihnen bei einer (Bier-)Tour oft der Begriff »Bierkeller« begegnen. Keine Bange, Sie müssen, um ein kühles Blondes zu genießen, nicht in Gruften und Gewölbe hinabsteigen. Die Franken gehen »auf« den Keller, wenn sie Appetit auf ein Bier und eine deftige Brotzeit haben. Warum, ist schnell erklärt: Zu Zeiten, als es noch keine künstliche Kühlung gab (erst 1873 erfand Carl von Linde die Kältemaschine), wurde das Bier im Berg gelagert. Außen pflanzte man Bäume, um dem Platz im Sommer Schatten zu verschaffen. Über (oder auf) dem Berg befand sich die Wirtschaft, in der das Bier konsumiert wurde. »Auf« den Keller gehen also – eine Ausdrucksweise, die heute in Oberfranken gang und gäbe ist.

Bier war in den Kulturen der Frühgeschichte schon 4.000 Jahre v. Chr. Bestandteil des Ernährungsplanes. Das Brauerhandwerk entwickelte sich im Mittelalter, war da aber, wie das Brotbacken, meist Frauensache. Beiden Vorgängen gemeinsam ist die Wirkung der Hefe. 1516 erließ Wilhelm IV., Herzog von Bayern, das älteste bis heute gültige Lebensmittelgesetz der Welt: das bayerische Reinheitsgebot. Im Bier sollen nur Wasser, Hopfen und Gerstenmalz Verwendung finden. Damit blieben Roggen und Weizen den Bäckern überlassen. Der Hopfen sorgte mit seiner konservierenden Wirkung für verlässliche Bierqualität, und der berauschenden Wirkung diverser halluzinogener Zutaten wie Bilsenkraut wurde ebenfalls Einhalt geboten. Die älteste noch aktive Brauerei auf oberfränkischem Boden ist übrigens die Klosterbrauerei Weißenohe.

Das Reinheitsgebot bezeichnen manche Brauer kritisch als Marketing-Gag (etwa in der Frankfurter Rundschau www.fr.de/wirtschaft/bier-von-wegen-reinheitsgebot-a-377292; der Artikel erschien am 20.2.2016 aus Anlass des bevorstehenden 500-jährigen Jubiläums des

Reinheitsgebots), da es einerseits Schlupflöcher offen lässt und – so moniert die Craft-Bier-Szene – bierologische Innovationen behindert.

Einige Biersorten, die sich heute in Oberfranken größter Beliebtheit erfreuen, gehen möglicherweise auf eine Panne bei der Zubereitung zurück. Um das Rauchbier, Bambergs Spezialität, ranken sich viele Geschichten. Beim Darren des Grünmalzes, in alten Zeiten noch über dem offenen Feuer, soll ein Mönch eingeschlafen sein. Als er erwachte, war das Malz schon recht verkohlt. Er mischte es trotzdem bei; der besondere Rauchgeschmack wurde zum Markenzeichen. Eine andere Legende schildert, bei einem Brand in einer Brauerei sei das Malz völlig verräuchert worden, der arme Brauer habe es aber aus Not beimischen müssen. Wider Erwarten wurde der Rauchgeschmack zu einer der Hauptattraktionen unter den fränkischen Bieren. Heutzutage darrt der Mälzer die Gerste mit Heißluft, die von einem Feuer aus Buchenholz erzeugt wird. Da man früher ausschließlich mit Holzscheiten das Malz befeuerte, waren vermutlich sehr viele Biere mit einem rauchigen Geschmack versehen.

Auch der Eisbock, so heißt es, verdankt seine Erfindung der Faulheit eines Lehrlings. Er ließ die Fässer mit Frischgebrautem im kalten Winter auf dem Brauereihof stehen. Sie gefroren und barsten. Der Braumeister staunte nicht schlecht über das süffige, starke Gebräu, das aus dem Eisblock rann. Mit einem Alkoholanteil um neun Prozent und einem Stammwürzegehalt von 25 Prozent ist der dunkle Eisbock ein karamelliger Genuss.

Etliche Brauereien bieten Bierverkostungen an. Und weil die Oberfranken echte Genussmenschen sind, feiern sie auch gerne (Bier-)Feste: unter vielen anderen Maisels Weißbierfest in Bayreuth am Wochenende vor Christi Himmelfahrt auf dem Gelände der Brauerei Gebrüder Maisel; das Annafest in Forchheim (Beginn am 26.7., Dauer: elf Tage); die Kulmbacher Bierwoche (ab dem letzten Juliwochenende) und nicht zuletzt die Bamberger Sandkirchweih (um das letzte Augustwochenende). Oder legen Sie Ihren Besuch in Bamberg auf einen der sagenumwobenen Bockbieranstiche (Termine: www.braufranken.de). Wer sich unterhaltsam und zugleich professionell mit Bier und Bierkultur auseinandersetzen möchte, sei auf die Bierverkostungen und -touren der Bierakademie hingewiesen: www.bierakademie.net

40

Burg Rabenstein
Rabenstein 33
95491 Ahorntal
09202 9700440
www.burg-rabenstein.de

EINE RITTERBURG WIE IM BILDERBUCH

Burg Rabenstein

Wie die meisten mittelalterlichen Burgen hat die Rabenstein eine wechselvolle Geschichte hinter sich. Im 12. Jahrhundert gebaut, wurde sie mehrere Male zerstört. Heute gehört zur Anlage ein Hotel, eine Gutsschenke, ein an heißen Sommertagen herrlich schattiger Biergarten und eine Falknerei. Führungen werden mehrmals täglich angeboten, auch in die nur zehn Minuten Fußweg entfernte Sophienhöhle mit ihren fantastischen Tropfsteingebilden.

Fahren Sie von der A 73 (Ausfahrt Ebermannstadt) über die B 470 Richtung Osten – das Tal wird immer enger, beschaulicher und typischer für die Fränkische Schweiz. Die Wiesent entlang führt die Straße an schroff-bizarren Felsen vorbei. Auch der Fahrradweg ist gut ausgebaut. Wer zwischendurch Lust bekommt, auf der Wiesent zu paddeln, kann in Muggendorf ein Kajak ausleihen, sich nach Behringersmühle chauffieren lassen und von dort nach Muggendorf zurückpaddeln. Muskelkater in Armen und Schultern ist garantiert, und wenn die Wiesent sich wetterbedingt wild gibt, muss man das Kajak schon mal am Ufer um die Stromschnellen herumtragen.

In Behringersmühle folgen Sie dem Wegweiser nach Bayreuth und kommen ins schroffe Ailsbachtal. Dieses ist enger als das Wiesenttal, herber und einsamer. Nach wenigen Kilometern erhebt sich die Burg Rabenstein auf ihrem Felsen hoch über der Straße. Wer sie erwandern möchte, kann das Auto am Parkplatz in Neumühle stehen lassen. Der Aufstieg ist allerdings steil. Bequemer geht es im Auto weiter, nach Waischenfeld abbiegen und der Beschilderung folgen.

Vom Parkplatz aus sind es nur wenige Meter zur Burg, unter hohen Laubbäumen hindurch, an Falknerei und Biergarten vorbei. Von dieser Seite wirkt die Rabenstein weniger trutzig als vielmehr lauschig, still und bescheiden.

Lassen Sie sich von dem auf der Webseite hervorgehobenen Eventcharakter nicht abschrecken – die meiste Zeit des Jahres sitzt die Rabenstein ruhig und beinahe gleichgültig auf ihrem felsigen Thron.

Gönnen Sie sich den fünf Kilometer langen Rundwanderweg und begegnen Sie Faunen und Elfen in der feenhaften Felsenlandschaft. Feste Schuhe anziehen!

41

Basilika Gößweinstein
Balthasar-Neumann-Straße 2
91327 Gößweinstein
www.pfarrgemeinde-goessweinstein.de

Haus des Gastes
Burgstraße 6
91327 Gößweinstein
09242 456
www.ferienzentrum-goessweinstein.de

FÜR WALLFAHRER UND KUNSTGENIESSER

Basilika Gößweinstein

Gößweinstein liegt im Dreieck der Städte Bamberg, Bayreuth und Nürnberg. Hier oben, auf einer Höhe von gut 450 Metern, hat man einen traumhaften Rundumblick über die Fränkische Schweiz. Packen Sie gutes Schuhwerk ein und wandern Sie hinauf! Zwar ist der Anstieg steil, doch die Gößweinsteiner Gastronomie ist so vielfältig, dass für ein kühles Bier nach der Wanderung überall noch ein Plätzchen zu haben ist.

Wie viele Gemeinden der Region besitzt Gößweinstein eine Burg. Sie wurde um 1000 von Graf Gozwin, so heißt es, gebaut. Heute befindet sie sich in Privatbesitz. Bekannter ist jedoch die Basilika Gößweinstein. Schon der Name ist Programm: Er wird vom gräflichen Namen Gozwin abgeleitet, was so viel bedeutet wie »Gottesfreund«. Gößweinstein muss schon sehr bald den Rang eines Wallfahrtsortes gehabt haben, wobei über den genauen Ursprung kaum etwas bekannt ist. Im 16. Jahrhundert nahm die Dreifaltigkeitsverehrung der Katholiken stark zu, vermutlich auch als Gegenbewegung zur Reformation. Die Basilika in Gößweinstein wiederum war der Heiligen Dreifaltigkeit geweiht. Der Wallfahrerstrom steigerte sich noch, als Papst Julius II. im 18. Jahrhundert jenen, die nach Gößweinstein pilgerten, einen Ablass gewährte.

Balthasar Neumann, unter anderem Schöpfer der Basilika Vierzehnheiligen und der Würzburger Residenz, hat die 1739 geweihte Basilika zu einem der schönsten Barockbauwerke Frankens gemacht. Besonders beeindruckend ist das spätgotische Gnadenbild, das um 1510 in Bamberg geschaffen wurde: Maria empfängt die Krone von Gottvater und Christus, über ihr die Heilig-Geist-Taube.

Bleiben Sie bis zum späten Nachmittag! Dann erstrahlt das Westportal sehr fotogen im schönsten Abendlicht, und die größten Besucherströme sind auch weitergezogen. Ein kurzer Spaziergang um die Basilika herum führt Sie zur Franziskaner-Klosterkiche und zu ein paar stillen Bänken unter Birken – Zeit, den Kunstgenuss noch einmal nachwirken zu lassen.

Verbinden Sie die Fahrt nach Gößweinstein mit einem Ausflug ins malerische Tüchersfeld. Beide Orte liegen nur wenige Kilometer voneinander entfernt.

42

Startpunkt für eine Wanderung an den Grenzsteinen:
Kirche St. Laurentius
Schlossberg 2
91286 Obertrubach

Weitere Informationen:
Gemeinde Obertrubach
Teichstraße 5
91286 Obertrubach
09245 9880
www.trubachtal.com

UNAUFGEREGT UND AUTHENTISCH

Ortskern

Jean Paul nannte sie einst den »Schlupfwinkel des deutschen Gemüts« – die Fränkische Schweiz. Sie ist romantisch, wild, idyllisch mit ihren saftigen Wiesentälern, überbordenden Kirschblüten, ihren vielen Höhlen, den steilen Flusstälern und bizarren Felsformationen, auf und an denen Häuser und sogar Burgen kleben. Sie wirkt manchmal toskanisch, dann wieder alpin, immer aber malerisch.

Das Trubachtal spiegelt die Fränkische Schweiz im Kleinen. Wenn Sie von Egloffstein kommend nach Obertrubach fahren (auch gern radeln oder wandern), können Sie sich kaum sattsehen an dem engen Tal, der sprudelnden Trubach und den mannigfaltigen Felsenfiguren, an denen besonders Kletter- und Boulderfreaks ihre Freude haben. Dieser beschauliche Winkel hat sich trotz des Tourismus Authentizität und ein individuelles, lebendiges Gesicht bewahrt.

Obertrubachs Geschichte ist substanziell mit der des Bamberger Erzbistums verknüpft, insbesondere mit seiner Gründung im Jahr 1007. Der Südrand des Bistums verlief ein Stück am Oberlauf der Trubach entlang. Im Jahr 1607 wurden die immer wieder aufflammenden Grenzstreitigkeiten zwischen dem Hochstift Bamberg und der Reichsstadt Nürnberg – beide Gebiete stießen in Obertrubach unmittelbar aneinander – durch einen Vertrag beseitigt. Mächtige, 80 Zentimeter hohe und in kurzen Abständen gesetzte Grenzsteine markierten fortan den Grenzverlauf. Auf der einen Seite ist das Wappen des Hochstifts Bamberg, auf der anderen Seite das der Reichsstadt Nürnberg eingraviert. Das liegende Schwert über den Wappen steht für das Recht, über Leben und Tod zu richten. Von diesen Steinen sind einige noch erhalten, einer gleich unterhalb der katholischen Pfarrkirche. Um ein Gefühl für die sogenannte »Fraischgrenze« zu bekommen, können Sie eine etwa zehn Kilometer lange Wanderung entlang der Steine unternehmen: von Obertrubach auf den Kohlberg (steiler Anstieg!), zurück über Pitz- und Teichtal – wenn Sie wollen, auch mit einem Abstecher zur Burgruine Leienfels.

Werfen Sie unbedingt einen Blick auf die moderne Ölbergszene des Künstlers Harro Frey hinter der Laurentius-Kirche unterhalb des Friedhofs.

43

Brauerei und Gastwirtschaft Alt
Dietzhof 42
91359 Leutenbach-Dietzhof
09199 267
www.brauerei-alt.de

»Na, was kriegt ihr?«

Brauerei Alt in Dietzhof

Die Welt wird immer homogener. Getränke schmecken überall gleich, Speisen auch. In jeder Fußgängerzone die gleichen Kettenläden. Nicht nur kulinarisch ist der Globus ein einziges McDonald's. Deshalb suche ich die kleinen, besonderen, die unvergleichlichen, noch nicht globalisierten Plätze – und habe einen gefunden: im kleinen Dietzhof in der Fränkischen Schweiz, in der Brauerei Alt.

»Na, was kriegt ihr?« So begrüßt der Wirt den Gast, der sich schon mal ein schattiges Plätzchen auf der Terrasse vor dem alten Fachwerkhaus gesucht hat. Der knallrote Sonnenschirm einer bekannten Limonaden-Marke ist das einzig Industrialisierte hier. Ansonsten wird nur Heimisches angeboten. Zu trinken gibt es ein Helles und ein Dunkles, weil die Familie schon in fünfter Generation genau diese beiden Sorten braut. Zu essen sind noch zu haben: Sauerbraten oder Schweinebraten; eine Speisekarte braucht es nicht, der Wirt weiß, was in der Küche brutzelt. Man kann also nichts falsch machen. Die Gäste sind Insider, die immer wieder kommen. Vielleicht auch Fans, die die Urwüchsigkeit dieses ländlichen Fleckens schätzen. Das Individuelle, das es nirgendwo sonst zu genießen gibt. Das Essen wird frisch zubereitet, besonders die fränkischen Klöße. Es kann passieren, dass die Chefin aus der Küche an den Tisch kommt: »Es dauert bei euch noch a bissla! Ich hab grad neue Klöß nei. Zwanzig Minuten!«

Auch an einem heißen Sommertag lohnt ein Blick in die alte Bauernstube. Dielenboden, eine niedrige, tief dunkelbraune Holzdecke mit breitem Balken. Kachelofen, Herrgottswinkel.

Zur Verdauung nach dem Schweinebraten gibt es hausgebrannten Mirabellenschnaps (und noch etliche andere Brände); gerne können Sie das Obst auch wahlweise als frische Früchte kaufen (das Angebot steht gegenüber der Gaststube auf der Bank bereit) oder als hausgemachte Marmelade. Das Helle und das Dunkle übrigens lässt sich in Flaschen abgefüllt mit heimnehmen und auch zu Hause genießen – aber sehr oft sind Flaschen und Kästen leergetrunken. Dann muss erst wieder gebraut werden. In der Wirtschaft selbst geht der Gerstensaft aber nie aus …

Haben Sie Lust, weit ins Land zu schauen, bei gutem Wetter bis zum Bamberger Dom? Das bietet eine Wanderung auf das Walberla, den schon in der Jungsteinzeit besiedelten Tafelberg.

44

Pfarrkirche Sankt Nikolaus
Hauptstraße 4
91361 Pinzberg
09191 13710
www.st-nikolaus-pinzberg.de

Terrassencafé Schrüfer
Hauptstraße 27a
91361 Pinzberg
09191 729760
www.terrassencafe-schruefer.de

Der Zauber von Sankt Nikolaus

Pfarrkirche Sankt Nikolaus

Diesen Lieblingsplatz verdanke ich, liebe Leser, allein Ihnen. Auf Recherchefahrt in die Fränkische Schweiz lockte mich der Ort hoch oben auf seinem Berg, gut sichtbar von der Straße aus, auf der ich schon viele Male entlanggefahren bin. Doch es brauchte erst die »Lieblingsplätze«, um rechts auf das schmale Sträßchen einzubiegen und den Hang hinaufzufahren. Das kleine Pinzberg hat mich an jenem sonnigen Sonntagvormittag so bezaubert, dass es einen Platz in diesem Buch bekam.

Pinzberg gibt sich versonnen und selbstvergessen. Den Ort dominiert die Sankt-Nikolaus-Kirche mit ihrer Wehrmauer. Schon im 14. Jahrhundert soll dort eine Nikolaus-Kapelle gestanden haben. 1730 wurde der spätmittelalterliche Kirchenbau umgestaltet. Federführend war wieder einmal Balthasar Neumann. Die Rokokoausstattung, die Ende des 18. Jahrhunderts der Fürstbischöfliche Bamberger Hofbildhauer Johann Bernhard Kamm schuf, ist noch komplett erhalten: der Hochaltar mit dem Patron der Kirche, dem Heiligen Nikolaus, in der Mitte, der Apostelaltar links, der Nothelferaltar rechts und die Kanzel. Gefällt Ihnen die Figur des nachdenklichen Kirchenlehrers Hieronymus genauso gut wie mir? Während Sie Kunst und Atmosphäre in vollen Zügen genießen, sind Sie – vermutlich – ganz allein. Jetzt noch einen Moment im Innenhof Sonne tanken, dann geht's weiter, zum Lohranger am Ortsrand von Pinzberg.

Das mystisch anmutende Ensemble aus Marienkapelle und Annakapelle (hinreißend: der schmale Treppenaufgang an der Seite – eine Art Kanzelersatz) mit dem Kreuzweg rund um die große Wiese verdankt seine Entstehung der Sühnewallfahrt eines reuigen Sünders und zahlreichen Pilgern, die seit dem späten 19. Jahrhundert hierherkamen, um die Muttergottes zu verehren und sich für Gebetserhörungen zu bedanken. Verweilen Sie ein wenig in der Anna-Kapelle und lassen Sie die Votivgaben auf sich wirken. Spirituell gestärkt steht einer Wanderung in der Fränkischen Schweiz jetzt sicher nichts mehr im Weg.

Im Terrassencafé Schrüfer lässt sich's wohlsein; beim monatlichen Schlemmerfrühstück oder einfach einem Stück Torte auf der Terrasse mit Blick über das Tal bis zum Walberla.

45

Georgi-Ritt an der Kirchenburg Effeltrich

Weitere Informationen:
Verwaltungsgemeinschaft Effeltrich
Forchheimer Straße 1
91090 Effeltrich
09133 77920
www.effeltrich.de

Berg-Gasthof Hötzelein
Regensberg 10
91358 Regensberg
09199 8090
www.berg-gasthof.de

ZUM FEST GEHEN FRAU UND MANN IN TRACHT

Spaziergang durch den Ortskern

Dass der Name »Effeltrich« mit »apfelreich« zu tun hat – man kommt nicht gleich drauf. Schon im 12. Jahrhundert tauchte der Name Effeldera auf, die heutige Schreibweise geht auf das 17. Jahrhundert zurück. Der Obstanbau in der Fränkischen Schweiz steht nicht nur klimatisch unter guten Vorzeichen, sondern hat historische Wurzeln. Einst lieferte Effeltrich sein Obst in das gesamte Deutsche Reich. Daran erinnert der Apfel auf dem Wappen des Orts.

Ausgesprochene Stadtmenschen lassen sich mitunter allzu schnell vom Dorf verzaubern. In Effeltrich ist das besonders einfach: Beginnen Sie Ihre Tour am Dorfplatz. Die 1.000-jährige Linde breitet ihre Äste aus, ein Holzgerüst stützt die alte Dame. Es geht die Sage, der Baum sei 1007 zur Bamberger Bistumsgründung gepflanzt worden. Einst konnte man unter der Linde fröhlich tafeln, hier fand das Dorfleben statt. Leckere fränkische Kost gibt es heute gleich nebenan im Gasthof zur Linde – mit Blick auf den stattlichen Kronenumfang von etwa 60 Metern.

Gegenüber thront die Kirchenburg. Auch sie ist auf dem Wappen verewigt, und das zu Recht. Wahrscheinlich bereits Ende des 15. Jahrhunderts entstanden, beherrscht sie mit ihrer Trutzigkeit das Ortsbild. Sie bildet ein Fünfeck, vier von fünf Türmen sind hervorragend erhalten. Durch das Tor tritt der Besucher ein und kann dann erstmal den Friedhof innerhalb der Burgmauern durchwandern, bevor er die Kirche betritt. Sie ist dem Heiligen Georg geweiht; dessen Kampf mit dem Drachen zeigt das Altarbild am barocken Hochaltar.

Zu Ehren des Kirchenpatrons findet alljährlich am Ostermontag der Georgi-Ritt statt, der nicht nur Einheimische, sondern viele Besucher aus Nah und Fern anlockt. Diese Tradition ist *die* Gelegenheit, die Trachtenvielfalt Frankens kennenzulernen. Effeltrich bezeichnet sich nämlich auch als Trachtendorf. Das bayerische Dirndl liegt ja seit Neuestem im Trend – ob die Modewelt sich bald von der fränkischen Tracht inspirieren lässt?

Fränkisch essen, aber in der Extraklasse? In Regensberg beim Berg-Gasthof Hötzelein mit Blick bis Forchheim. Besonders lecker, so sagt man, seien die Windbeutel!

46

Spaziergang durch Gräfenberg
Startpunkt: Wandgemälde am Wolfsberger Schloss
Marktplatz 10
91322 Gräfenberg

Weitere Informationen:
Stadt Gräfenberg
Kirchplatz 8
91322 Gräfenberg
09192 7090
www.graefenberg.de

GESCHICHTE AUF BERG- UND TALFAHRT

Spaziergang vom Marktplatz zur Dreifaltigkeitskirche

Die Stadt Gräfenberg liegt nur etwa 30 Kilometer von Nürnberg entfernt am südöstlichen Zipfel Oberfrankens. Doch die Nähe zur Großstadt ist kaum spürbar. Der Gast durchschreitet eines der drei Stadttore – und wähnt sich in einer anderen Zeit. Der historische Stadtkern mit seinem schmucken Fachwerk, dem prächtigen Blumenschmuck und den bunten Fassaden versetzt den Besucher sofort in Urlaubsstimmung.

Gräfenberg weist erhebliche Höhenunterschiede auf – 400 bis 550 Meter über Normalnull. Die Sträßchen sind eng und scharf geschnitten. Man mag sich für einen Augenblick in den Alpen wähnen.

Beginnen Sie Ihre Tour am Marktplatz. Die Hinweisschilder an einzelnen Häusern sind ausgezeichnete Orientierungspunkte durch Geschichte und Gegenwart dieser traditionsreichen Stadt; 1172 wurde Gräfenberg erstmals urkundlich erwähnt.

Das Wandgemälde am Wolfsberger Schloss fällt sofort ins Auge: Zwei stolze Ritter auf prachtvoll gewandeten Pferden stürmen mit gezückten Lanzen aufeinander los, während ein offenkundig tödlich vom Schwert getroffener Drache zu ihren Füßen liegt. Das Schlachtgetümmel stellt eine Szene aus dem mittelalterlichen Heldenepos *Wigalois der Ritter mit dem Rade* dar, welches um 1200 vom berühmtesten Sohn der Stadt, dem Dichter Wirnt von Grefenberc, verfasst wurde.

Das nahe gelegene, ebenfalls herrschaftlich bemalte Hotel Alte Post war Schauplatz eines historischen Umschwungs: Während des Preußisch-Deutschen Krieges von 1866 richtete der Großherzog von Mecklenburg das preußische Hauptquartier in dem Gebäude ein. Hier handelte am 30. und 31.7.1866 Oberst Roth für die bayerischen Truppen einen Waffenstillstand aus.

Ein Abstecher zum Friedhof lohnt. Von hier hat man einen schönen Blick auf die Dreifaltigkeitskirche, besonders auf den markanten Turm mit der ehemaligen Türmerwohnung.

Wenn Sie Spaß an Wildtieren haben, fahren Sie zum Wildpark Hundshaupten. Wisente, Waschbären und Steinböcke erwarten Sie; letztere fühlen sich in den felsigen Steilhängen der Anlage besonders wohl.

47

Wirtshaus Klosterbrauerei Weißenohe
Klosterstraße 20
91367 Weißenohe
09192 591
www.klosterbrauerei-weissenohe.de

OBERFRANKENS ÄLTESTE BRAUEREI

Klosterbrauerei Weißenohe

Weißenohe, in unmittelbarer Nachbarschaft des größeren Gräfenberg, liegt in einem der schönsten Winkel der Fränkischen Schweiz. Hier gibt es noch Unberührtes zu entdecken. Brauerei und Wirtshaus schmiegen sich an die Kirche St. Bonifatius – eine in Franken altbewährte Nachbarschaft. Die Einfahrt in die denkmalgeschützte Anlage begrenzt ein Torbogen, in dem Hunderte Schwalben ihre Nester gebaut haben. Der Flugverkehr ist beeindruckend!

Quellen vom Ende des 10. Jahrhunderts erwähnen das Benediktinerkloster in Weißenohe zum ersten Mal. Seit 1100 braute man hier Bier. In der Säkularisation im Jahr 1803 wurden dann nicht nur die Liegenschaften des Klosters veräußert, sondern auch sein Braurecht. Die heutige Brauerei allerdings trägt mit ihren Biersorten der benediktinischen Tradition Rechnung: Kosten Sie ein Altfränkisches Klosterbier, einen Klostersud oder ein Bonifatius Dunkel, alle drei mit 5% Alkohol oder mehr, passend zu deftigen Speisen; oder probieren Sie eines der nicht weniger gehaltvollen Craft-Biere wie den Virtac Bior mit 7% Alkohol als flüssiges Dessert. Die Brauerei kann man besichtigen (Termine im Web).

Im Sommer lassen Sie sich am besten im schattigen Biergarten nieder. Allerdings sollten Sie unbedingt einen Blick in die Wirtsstube mit ihrem historischen Gewölbe werfen. Die Inneneinrichtung ist unaufgeregt, bodenständig und eine Wohltat für Gäste, die keinen Bedarf an Erlebnisgastronomie haben.

Frankens Küche ist herzhaft. Probieren Sie den Schweinebraten in hausgemachter Dunkelbiersoße – später laufen Sie (zum Abtrainieren der Kalorien) die steile Straße Richtung Sollenberg hinauf und bewundern Weißenohe von oben. Erst aus dieser Perspektive zeigt sich, wie viel Raum die Kirche mit ihrem 45 Meter hohen Turm und die Klosteranlage im Dorf einnehmen.

Unternehmen Sie vom Ortsteil Dorfhaus aus eine kurze Wanderung (zwei Kilometer) zu den Kalksinterstufen der Lillach; der Bach gräbt sich seit mehr als 10.000 Jahren ein Bett in den Kalktuff.

BAYREUTH, HOF UND FICHTELGEBIRGE

48

Richard-Wagner-Museum am Wagner-Grab im Hofgarten

Neues Schloss
Ludwigstraße 21
95444 Bayreuth
0921 759690
www.bayreuth.de

Café Kraftraum
Sophienstraße 16
95444 Bayreuth
0921 8002515
www.cafe-kraftraum.de

Grün und intim

Hofgarten und Wagner-Grab

Wie viele Bauwerke und Gartenanlagen in Bayreuth geht auch der Hofgarten, der sich hinter dem Neuen Schloss erstreckt, auf die Lieblingsschwester Friedrichs des Großen zurück: Markgräfin Wilhelmine von Brandenburg-Bayreuth starb 1758 mit nur 49 Jahren – aber sie prägte das Bild der Stadt wie niemand sonst. Umrunden Sie das Neue Schloss und genießen Sie einen Spaziergang durch Bayreuths grüne Oase.

Seit Wilhelmines Zeiten hat der Hofgarten sich verändert. Statt Alleen und Laubengängen herrschen heute freie Wege und viel Rasen vor. Doch er ist ein feinsinniger Traum geblieben, eine Symbiose aus Natur, friedvoller Ruhe und Bayreuths vielen künstlerischen Facetten. Immerhin sah Wilhelmine selbst die Kunst als das wichtigste Element des Lebens an.

Vom Schloss kommend schlendern Sie an den prachtvollen Blumenrabatten entlang. Bald stoßen Sie auf den Kanal, der die Mittelachse des Parks bildet. Hier und da legt sich eine Brücke über das Wasser. Laub schwimmt auf der Oberfläche. Im Wasser spiegeln sich Sonnenstrahlen. Auf den Inseln im Kanal verträumen Neptun und Co. den Tag, in Konkurrenz mit den Enten und ab und zu einem Liebespaar. Werfen Sie einen Blick zurück zum Schloss – auch von der Rückseite vermittelt die Architektur den Eindruck einzigartiger Harmonie.

In der Mitte des Parks knickt der Wasserlauf nach rechts ab. Der Sonnentempel grüßt durch das Blätterdach. An der nordöstlichen Längsseite des Gartens grenzt die Anlage an das Haus Wahnfried, Richard Wagners früheres Wohnhaus, das zwischen 2013 und 2015 saniert, umgebaut und mit einem Anbau versehen wurde. Das Ensemble beherbergt das seit 2015 wiedereröffnete Richard-Wagner-Museum. Auf einem vom Laub hoher Bäume umschatteten Platz an der Rückseite des Hauses Wahnfried haben Richard und Cosima Wagner ihre letzte Ruhestätte gefunden. Flanieren Sie durch das Obstquartier und die Orangerie zurück in die Innenstadt.

Hungrig? Ein zehnminütiger Bummel führt Sie in die Sophienstraße, wo Sie im Café Kraftraum bei Pasta, knackigem Salat und anderen Köstlichkeiten neue Energie tanken können. Sonntags wird ab 20.15 Uhr der Tatort übertragen.

49

Stadtfriedhof Bayreuth
Erlanger Straße 42
95444 Bayreuth
0921 66761

DIE HIGH SOCIETY VON EINST

Stadtfriedhof

Friedhöfe bergen immer Geheimnisse. Auf Reisen zumal. Hier kann man innehalten, ohne von brummenden Reisebussen, schnatternden Mitreisenden oder Souvenirangeboten aus der Beschaulichkeit gerissen zu werden. Außerdem erzählen Friedhöfe Geschichten. Da sind die individuellen, kleinen, detailreichen – und auch die Geschichten einer Stadt mit ihren Menschen, die trotz aller Verwerfungen doch irgendwie zusammengehören.

Der Stadtfriedhof ist ein solcher Ort der Stille – und eine wunderbare Gelegenheit, die Prominentengräber der Stadt zu besuchen. Betreten Sie den Friedhof am nordöstlichen Ende, sehen Sie schon das im orthodoxen Stil gehaltene Mausoleum von Franz Liszt. Rührend sind die mit Bändern in den ungarischen Nationalfarben dekorierten Kränze auf dem Sarkophag. Liszt wurde 1811 in Raiding, damals Königreich Ungarn, geboren. Gedenktafeln zeugen von tiefer Verehrung für den großen Virtuosen.

Ein Stück weiter den Hauptweg hinunter stoßen Sie direkt auf den Gedenkstein für Jean Paul. »Still blickt der Himmel / Mit all seinen Sternen / auf das Gewühl der Menschen herab …« So dichtete der berühmte Literat Oberfrankens, der eigentlich Johann Paul Friedrich Richter hieß, sich aber – aus Verehrung für Jean-Jacques Rousseau – in Jean Paul umbenannte und 1825 in Bayreuth starb. Der Gedenkstein ist ein efeubewachsener Findling. Oberfranken ehrt seinen Dichter, der in Wunsiedel geboren wurde, in Hof zur Schule ging und auch eine Weile in Coburg lebte, unter anderem mit einem Jean-Paul-Weg: einem Wanderweg auf den Spuren des Poeten.

Schnell werden Sie auch die Grabstätte der Wagners finden: ein beschaulicher Winkel, umwachsen von großen Rhododendren. Ein wenig eigenartig fast: Zu Festspielzeiten raschelt es im Blätterwald der Musikkritik mit all ihren Storys, Skandalen und Schlammschlachten. Hier, im Schatten der Linden des Stadtfriedhofes, kommt die Familiengeschichte der Wagners ganz besinnlich daher.

Lieblingsplatz im Lieblingsplatz: Die Bank hinter dem Grabmal von Jean Paul. Lauschen Sie mal: Mag sein, dass ein paar Verse durch die Luft schwirren …

KLÄNGE FÜR GENIESSER

Oberfrankens musikalische Highlights

Grüne Natur, süffiges Bier, »d« statt »t« und eine Menge Historisches – so habe ich Ihnen Oberfranken bisher vorgestellt. Doch halt: Was ist mit Kultur? Gemäß der Meinung des großen Victor Hugo, der einmal sagte, Musik drücke aus, was nicht gesagt werden könne und worüber zu schweigen unmöglich sei, führe ich Sie jetzt ins Musikland Oberfranken. Es wird hochkarätig.

Dem Besucher wird zuerst Bayreuth in den Sinn kommen, Stadt der Musik und Wagner-Universum. Die Bayreuther Festspiele finden jedes Jahr Ende Juli bis Ende August statt. Insgesamt gibt es 30 Aufführungen, eine davon wird live in die Bayreuther Kinos übertragen. Unter dem Motto »Wagner für Kinder« werden circa einstündige kindgerechte Fassungen von Wagnerwerken inszeniert.

Wer die Leidenschaft abseits der Prominenten- und Pseudoprominentenpfade sucht, findet sie – ebenfalls im Sommer – garantiert beim Festival junger Künstler. Hier spielt und begeistert der Nachwuchs in und um Bayreuth, mitunter auch weiter weg, mit sehr speziellen Konzerten, bisweilen interkulturell (zum Beispiel europäische Klassik kombiniert mit ukrainischer Ethnomusik), doch immer mit viel Empathie und Passion.

Weniger berühmt und – pardon – mondän als die Wagner-Festspiele gibt sich das Bayreuther Osterfestival. Seit 1995 spielen junge Musiker vor prächtigen Kulissen Kammer-, Kirchen- und Jazzkonzerte, der Erlös geht zugunsten von krebskranken Kindern.

Neben Bayreuth berufen sich auch die Städte Coburg, Bamberg und Hof auf ihre musikalischen Traditionen. In Coburg spielt das Landestheater eine wichtige Rolle in der städtischen Kultur: Musiktheater, Konzerte, Ballett und Schauspiel erfreuen das oberfränkische, seit 1989 auch wieder das thüringische Publikum. Das Haus soll ab 2021 generalsaniert werden, Ausweichspielstätten sind in Planung. Die Bühne im ehemaligen Marstall, das Theater in der Reithalle, bietet viel Schräges, Improvisatorisches und Unkonventionelles. Das Klassik Open Air im Coburger Rosengarten (im Juni) werden besonders jene Musikfreunde lieben, denen ein Konzertsaal zu steif ist: Hier darf zu Geigen- und Klarinettenklängen gepicknickt werden.

Die Bamberger Symphoniker genießen in ihrer Heimatstadt ein außerordentliches Renommee – international sowieso. Einer von vielen Höhepunkten: Alle drei Jahre findet in Bamberg der Gustav-Mahler-Dirigentenwettbewerb statt. Eine einmalige Chance für Musikfreunde, im Semifinale und Finale junge Nachwuchs-Talente aus aller Welt öffentlich zu erleben. Romantisch geben sich die Rosengarten-Serenaden von Juni bis September. Umringt von historischer Pracht und Rosenduft erklingt Kammermusik für Genießer. Schlechtes Wetter? Dann lassen Sie sich einfach von den Gast-Ensembles im Kaisersaal in der Neuen Residenz oder im Gartenpavillon beglücken.

Das Theater in Hof ragt – ganz Glas und Quader – so hoch auf, dass man es von vielen Stellen der Stadt aus sehen kann. Mit ihrem vielseitigen Schauspiel- und Musikprogramm machen die Hofer insbesondere bei den Bayerischen Theatertagen landesweit von sich reden. Modernes kommt hier mit Klassischem zusammen. Hof ist eine rege, rührige Stadt, was sich im Kulturleben spiegelt: Da wären noch die Hofer Symphoniker, übrigens das einzige Orchester in Deutschland, das auch eine Musikschule betreibt, die Internationalen Hofer Filmtage oder die Hofer Kabarettwochen. Insider schätzen die Internationale Musikbegegnungsstätte Haus Marteau – benannt nach dem deutsch-französischen Violinisten Henri Marteau, 1874–1934 – in Lichtenberg. Dort wird alle drei Jahre der internationale Violinwettbewerb Henri Marteau ausgetragen. Die künstlerische Leitung liegt bei den Hofer Symphonikern.

Der südwestliche Winkel Oberfrankens, Schloss Weißenstein in Pommersfelden, ist von Juli bis August die Bühne für das Collegium Musicum, eine Sommerakademie zur Förderung junger Talente aus aller Welt. Musikfreunde erleben Orchester- und Kammerkonzerte, teils im Schlosshof, teils im Marmorsaal – ein wahrlich barocker Genuss.

Bleibt noch ein Blick auf den Musiksommer Obermain. Von Mai bis September finden im Raum Coburg und Lichtenfels Konzerte an historisch exponierten Orten (Schloss, Kloster, Basilika) statt. Ich lege Ihnen das Adventskonzert in der Basilika Vierzehnheiligen ans Herz. Ja, die Veranstaltungsreihe heißt Konzertsommer, aber Musik streut ja immer ein wenig Sommerblumen ins Herz desjenigen, der ergriffen lauscht.

50

Franz-Liszt-Museum
Wahnfriedstraße 9
95444 Bayreuth
0921 5166488
www.bayreuth.de

KOSMOPOLIT UND EXZENTRIKER

Franz-Liszt-Museum

Er war der musikalische Mega-Star des 19. Jahrhunderts, eine schillernde Ikone und ein Grenzgänger in der Musik wie im Leben. Franz Liszt wurde 1811 in Ungarn geboren, sprach Deutsch als Muttersprache und bezeichnete Frankreich als Vaterland. Der Stadt Bayreuth war er besonders verbunden – seine Tochter Cosima hatte 1870 Richard Wagner geheiratet. Wagner kann jeder in Bayreuth, deshalb besuche ich lieber das wenige Schritte vom neu gestalteten Wagner-Museum entfernte efeubewachsene Haus, das einem der bedeutendsten Klaviervirtuosen aller Zeiten gewidmet ist: das Franz-Liszt-Museum. Hier bekommt der Besucher einen Einblick in Liszts Schaffen, seine Spleens, sein Leben zwischen Glamour und spirituellem Rückzug – und in sein Verhältnis zu seinem Schwiegersohn Richard Wagner. Niemandem sonst, so schrieb Wagner, verdanke er so viel wie Franz Liszt.

Auf den Lithografien und Kupferstichen, die das Museum zeigt, ist der Komponist mit langer, wallender Haarmähne zu sehen. Er stellte sein Genie, sein Anderssein zur Schau, obgleich er das Star-Dasein wohl mitunter satthatte. Auf seinen Reisen durch Europa hatte er meist eine Schar Verehrer an den Fersen. Als er einmal aus Wien aufbrach, reisten ihm seine Fans bis zur letzten Postkutschenstation in Neudorf voraus, um Lebewohl zu sagen. Auch in seiner Todesstunde wachten seine Schüler in seiner Nähe.

Bayreuth mag für den Weitgereisten so etwas wie ein familiärer Stützpunkt gewesen sein. Cosima Wagner bat ihren Vater 1886, sich bei den anfangs oft schlecht besuchten Festspielen zu zeigen. Doch Parsifal und Tristan vermochten den Meister nicht mehr zu erfreuen. Er litt bereits an starkem Husten. Am 31. Juli starb er gegen Mitternacht in seinem damaligen Bayreuther Refugium, dem Haus der Oberförsterfamilie Frölig. Sein Sterbezimmer ist heute Teil der Ausstellung über sein Leben. Seine letzte Ruhestätte hat Franz Liszt auf dem Stadtfriedhof gefunden.

Wie wäre es mit einem Spaziergang durch den Bayreuther Hofgarten in unmittelbarer Nachbarschaft zum Museum – vielleicht mit den Pianoklängen von Les jeux d'Eaux à la Villa d'Este in den Ohren?

51

Eremitage
95448 Bayreuth
0921 7596937
www.bayreuth-wilhelmine.de

EIN ZUHAUSE FÜR FAUNE UND SATYRN

Eremitage

Wer nach Stadtbesichtigung und Musikgenuss seine Lebensgeister in der Natur erfrischen möchte, tut gut daran, seinen Besuch in der Wagner-Stadt in der Eremitage abzuschließen. Das viele Grün und die verspielte Architektur dieses großen Landschaftsgartens machen Laune. Hier, am östlichen Stadtrand Bayreuths, tummeln sich Faune und Satyrn – unabhängig von der Jahreszeit.

Sie ist naturnah, verträumt und märchenhaft: Die Eremitage, zuvor ein Waldgebiet für die Jagd bei Hofe, erhielt ab 1715 ein kleines Sommerschloss und weitere Gebäude. Doch erst Markgräfin Wilhelmine, die die Eremitage 1735 von ihrem Mann geschenkt bekam, baute den Garten zu einem Kleinod aus, wie es verspielter nicht geht. Ihn zu erwandern, braucht Zeit und Lust, von den breiten Wegen abzuweichen und sich auf die schmalen Pfade zu begeben. Unmöglich, die Eremitage auf einem einzigen Rundgang »abzuklappern« – zu viele Kleinigkeiten, versteckte Details überraschen den Besucher, wenn sein Blick erwartungsfroh schweift.

Besonders beeindrucken die Kaskaden an der Nordseite. Steil zieht sich das lang gestreckte Becken den Hang bis fast zum Roten Main hinunter. Beschaulich gibt sich der Brückenweiher – eine Kostbarkeit im Herbst, wenn die Sonne durch bunte Blätter späht und erstes Laub im Wasser treibt. Über Trugbilder braucht man sich in diesem Ambiente nicht zu wundern. Erschrecken Sie also nicht den kleinen Faun, der gerade um die Ecke beim chinesischen Pavillon spitzt!

Von Mai bis Oktober sorgen Wasserspiele in der Oberen Grotte und zeitversetzt in der Unteren Grotte für Abkühlung. Schatten bieten Laubengänge und Alleen. Im Frühling zieht es auch viele Bayreuther zum Sonnetanken in den Kanalgarten. Wollen Sie lieber eine Weile allein sein? Dann wagen Sie sich auf die Pfade jenseits des Röhrenweihers. Keine Angst: Bisher wurden nur gute Feen in der Eremitage gesichtet!

Das jährliche Sommernachtsfest rund um das Neue Schloss in der Eremitage bietet für jeden Musikgeschmack etwas – Romantiker sind herzlich willkommen.

52

Forsthaus Kamerun
95473 Kamerun bei Bayreuth
09209 330
www.restaurant-kamerun-bayreuth.de

AUF NACH AFRIKA!

Forsthaus Kamerun

Tief im Forst ein Haus, Moos auf dem Dach, Speisekarte und Eistruhe gut sichtbar. Tische und Stühle unter Sonnenschirmen, eine hölzerne Laube, freilaufende Hasen, Schweine, Schafe, Ziegen. Einfach hinsetzen, auf die Pizza oder die Nudeln freuen, ein Bier genießen (vielleicht das hefetrübe, ungefilterte Aktien Zwickl?), durchatmen. Ob Sie gerade auf Festspieltour sind oder eine schweißtreibende Wanderung hinter sich haben – in Kamerun ist Wohlfühlen angesagt.

Bis Afrika brauchen Sie deswegen aber nicht zu fahren. Kamerun liegt in Oberfranken, östlich von Bayreuth, nicht weit von der A 9. Von Wolfsbach kommend geht es auf der B 2 Richtung Süden, dann links abbiegen in den Forst und ein schmales Sträßchen entlang, bis es einfach nicht mehr weitergeht. Ich lasse den Alltagsstress hinter mir. (Und Sie Ihren auch. Versprochen!)

Im Sommer 1884, kaum war die deutsche Flagge in der damaligen afrikanischen Kolonie Kamerun gehisst, wurde auch das fränkische Kamerun entdeckt: Zwei junge Männer, ausgelaugt vom Festspielrummel, da bei Inszenierung und technischer Leitung beteiligt, verlustierten sich auf einer Radtour ins Grüne. Durch Zufall landeten sie tief im Wald, im Forsthaus von Ottmannsreuth, und durften sich einer Erfrischung erfreuen. Sofort der idyllischen Lage verfallen, nannten sie den Platz im fränkischen Urwald »Kamerun«. Immerhin berichteten die Zeitungen gerade über wenig anderes als über die neue deutsche Kolonie.

Heute ist das Forsthaus ein italienisches Restaurant in Familienbesitz. Beliebt sind auch die vielen selbst gebackenen Kuchen, und manches Stadtkind hat hier sein erstes lebendes Schwein gesehen. Viele Bayreuther Musiker gehören zu den Stammgästen. Auch Cosima Wagner soll hier Gast gewesen sein. Im Winter halten anstelle der Sonnenschirme Weihnachtsbäume Wache im Biergarten. Ein hauseigener Unimog sorgt dann für schneefreie Zufahrt – die Gegend ist ja bekanntlich frostreich. Ein Lieblingsplatz mit Suchtcharakter!

Ganz Hungrige freuen sich bestimmt über eine »¼-m2-Pizza«! Oder Sie kosten die Pizza Kamerun, die es wohl – in Deutschland – nur hier im Forsthaus gibt …

58

Felsengarten Sanspareil
96197 Wonsees
09274 80890911
www.bayreuth-wilhelmine.de

Naturtheater und Götterwinkel

Felsengarten Sanspareil

»Es ist ohnegleichen! C'est sans pareil!« Auf diesen erstaunten Ausruf einer markgräflichen Hofdame soll der Name des Felsengartens zurückgehen. Markgräfin Wilhelmine von Bayreuth, Schwester Friedrichs des Großen, ließ den Park 1744 anlegen. Den klangvollen Namen der zwischen Bayreuth und Kulmbach gelegenen Ortschaft zu Füßen der Burg Zwernitz sprechen die Einheimischen allerdings deutsch (oder fränkisch) aus.

Wer von der Autobahn A 70 bei Schirradorf abbiegt und durch die engen Talfalten der nördlichen Fränkischen Schweiz fährt, erwartet kaum ein derart fantasievolles Kleinod wie den Felsengarten Sanspareil. Zu verspielt, zu »städtisch« erscheint ein Lustgarten angesichts der schroffen Felswände, in deren Schatten der letzte Schnee des Winters bis weit in den Frühling hinein nicht schmilzt.

Vom Parkplatz am Eingang des Parks aus erstreckt sich die Anlage über einen knappen Kilometer in west-östlicher Richtung. Bizarre, natürliche Felsformationen bestimmen seinen träumerischen Charakter. Der Besucher kann sich etwa bei schlechtem Wetter unter einem »Regenschirmfelsen« unterstellen, wo ein schmales Sitzbänkchen zum Verweilen einlädt. Man braucht wenig Einbildungskraft, um in einer stillen Minute, vor dem Pansitzfelsen stehend, das Rascheln des Buchenlaubs für die Flötenklänge des gehörnten Gottes zu halten. Festes Schuhwerk empfiehlt sich, um einige der turmhohen Felsblöcke zu besteigen; so den Belvederefelsen, von dessen Plateau man direkt auf die Bühne des künstlichen Ruinentheaters hinunterschauen kann. Der Zuschauerraum dagegen liegt unter einem mächtigen Felsen, kritisch beäugt von einem Gorgonenhaupt im Scheitelstein des ersten Rundbogens. Das Ambiente garantiert mystische Stimmung, nicht nur während der Aufführungen!

Von den anderen Gebäuden des Parks sind heute nur noch der Küchenbau und der Morgenländische Bau am westlichen Ende erhalten. Letzterer ist zwischen dem 1.4. und dem 31.9. täglich außer montags zu besichtigen.

Vom Bergfried der Burg Zwernitz hat man einen herrlichen Rundblick bis nach Böhmen. Oder Sie genießen ein sommerliches Theaterstück im Ruinentheater.

54

Startpunkt für eine Wanderung durch das **Paradiestal:** Wanderparkplatz vor 96167 Königsfeld-Treunitz

Nähere Informationen:
Tourismuszentrale Fränkische Schweiz
Oberes Tor 1
91320 Ebermannstadt
09191 861054
www.fraenkische-schweiz.com
www.treunitz.de

EINMAL QUER DURCHS PARADIES

Das Paradiestal

Gut verborgen im Auf und Ab der Landschaft und gesäumt von skurrilen Felsentürmen erstreckt sich eine lange, enge Schlucht im Norden der Fränkischen Schweiz: das Paradiestal. Von der A 70 bei Stadelhofen aus sieht man das nördliche Ende des Tales. Obwohl man das Paradiestal auch von dort aus erwandern kann, empfiehlt sich der schmalere, südliche Zipfel als einprägsamerer Einstieg ins Paradies.

Startpunkt für einen Ausflug ist der Wanderparkplatz kurz vor Treunitz, den Sie von Scheßlitz über die B 22 kommend nicht verfehlen können. Überqueren Sie zu Fuß die Straße. Den Pfad über die Wiese und die Wiesent finden Sie mühelos. Folgen Sie dem blauen Kreis auf weißem Grund. Der Wanderweg ist sehr gut ausgeschildert. Vom Parkplatz bis Stadelhofen und zurück sind es etwa 13 Kilometer.

Gute wasser- und schlammfeste Schuhe sind ein Muss. Das Paradiestal ist ein Trockental, das bei länger andauerndem Regen sogar überflutet werden kann. In Trockenperioden dagegen gibt es zwar nur dünne Rinnsale. Doch selbst im Sommer liegt das Paradiestal die meiste Zeit des Tages in tiefen Schatten, und der Boden ist mit Wasser vollgesogen wie ein Schwamm.

Der Wanderweg wechselt öfter die Talseite. Nennenswerte Anstiege gibt es nicht. Lassen Sie die Pfade, die aus dem Tal hinausführen, einfach unbeachtet. Nach wenigen Minuten kommen Sie bereits an den ersten Felsen vorbei, an denen Kletterer gerne trainieren. Doch je weiter Sie den Schlangenlinien des Paradiestals folgen, desto stiller und ruhiger wird es. Bald sind Sie allein mit sich, Bäumen, Felsen und Wasserarmen, die Sie – immer wieder – über kleine, selbst gebaute Brücken überqueren.

In jüngster Zeit wurden Felsen freigelegt, um die bizarren Gesteinsgebilde noch besser zur Geltung zu bringen. Rasten Sie an der Silberwand oder lassen Sie sich – einige Talwendungen später – von der Zigeunerstube, dem Wüstenstein oder dem Predigtstuhl faszinieren. Gestört werden Sie im Paradiestal übrigens nicht: jedenfalls nicht von Ihrem Handy. Unbedingter Lieblingsplatz für Stadtgeschädigte!

Im Herbst, so heißt es, schwelgen Pilzesammler rund um Treunitz (auch »Pfifferdorf« genannt) in Morcheln, Pfifferlingen und Steinpilzen.

55

Theresienstein
Alte Plauener Straße
95028 Hof
www.theresienstein.de

IN HOF GANZ OBEN

Theresienstein

Als 1836 Königin Therese von Bayern zu Besuch kam, änderten sich die Zeiten in Hof. Zumindest namensgeberisch. Der bis dahin als »Fröhlichstein« firmierende Bürgerpark wurde zum »Theresienstein«. Und während die Stadt Hof mit dem Slogan »In Bayern ganz oben« von sich reden macht, stellte ich schnell fest, dass man im Theresienstein in Hof ganz oben ist. Höher geht's nicht.

2003 wurde der Theresienstein gekrönt – er bekam die Auszeichnung »Schönster deutscher Park«. Mehr als verdient. Denn er ist ein Refugium und gleichzeitig ein Eldorado für Entdecker. Vermutlich kann man mehrere Wochen im Park bleiben und immer noch etwas Neues erschnuppern.

Meine Recherchetour beginnt am Haus Theresienstein. Das hochherrschaftliche, verspielte Anwesen, ebenfalls »Theresienstein« genannt oder schlicht »der Stein«, geht keineswegs auf eine blaublütige Baulaune zurück. Adel gab es in Hof nicht, sodass die Bürger hier selbst die Initiative ergriffen. 1903 wurde das heutige Gebäude fertiggestellt. Es erinnert an Bäderarchitektur, an alte Pracht. Der Biergarten zu seinen Füßen bietet einen ersten Blick auf die Stadt weiter unten. Aber es geht noch höher hinauf!

Beim Aufstieg zum Labyrinthberg folge ich zunächst den Schildern zum botanischen Garten. Dann halte ich mich weiter rechts, lasse mich auf einem Hügel über einem Teich nieder und beobachte versunken, wie frühes Herbstlaub sanft auf die Entengrütze herniedersegelt. Wenig ist los, obwohl Sonntag ist. Hier tritt sich das Publikum nicht gegenseitig auf die Füße. Haben Sie es bis zum höchsten Punkt geschafft, zur künstlichen Burgruine, klettern Sie unbedingt noch auf den Turm. Ich habe 66 Stufen gezählt (wobei ich es mit Zahlen nicht so habe). Der Blick ist berauschend. Dass Sie die Stadt Hof einmal so schön im Nachmittagslicht sehen, dafür lohnt sich die Anstrengung. Auf der anderen Seite geht der Blick weit über die Höhen des Fichtelgebirges, bei gutem Wetter bis nach Sachsen.

Entlang der Alten Plauener Straße erstreckt sich der botanische Garten. Ein Juwel! Unbedingt ein Buch einstecken und am Seerosenteich sitzen und lesen!

56

St. Michaeliskirche
Maxplatz 6
95028 Hof

Weitere Informationen:
Tourist-Information Hof
Ludwigstraße 24
95028 Hof
09281 8157777
www.hof.de

PRACHT UND UNDERSTATEMENT IN EINEM

St. Michaeliskirche

Hof liebt das Understatement. Das ist mein Eindruck. Womöglich trifft das nicht den Kern der Hofer Mentalität. Aber mir gefällt es, dass Hof seine Schätze nicht kokettierend zur Schau stellt, sondern abwartet, ob der Besucher sie bemerkt. Beinahe hätte ich die Michaeliskirche gar nicht gesehen, obwohl sie riesig ist und ich das Auto gleich unterhalb parkte. Schreiben Sie diesen Lapsus meinem Recherche-Tunnelblick zu. Aber dennoch: Hof meidet das Überdrehte. Will heißen: Augen auf!

Beim großen Stadtbrand in Hof 1823 wurde das Türmerehepaar zu Helden: Die beiden läuteten so lange die Feuerglocke der Michaeliskirche, bis sie sich selbst nicht mehr in Sicherheit bringen konnten und den Flammen zum Opfer fielen. Eine dramatische, menschliche Geschichte, die mir das mächtige Bauwerk gleich noch etwas mehr ans Herz wachsen ließ. Von ihm blieben bei dem Brand auch kaum mehr als Teile der Umfassungsmauer stehen. Drei Jahre später begann der Wiederaufbau. Die Kirche wurde vergrößert, die Neugotik beherrscht seitdem den Stil. Dabei geht die Geschichte des dem Erzengel Michael geweihten Gotteshauses bis ins 13. Jahrhundert zurück. Kriege und Brände zogen sie mehrmals in Mitleidenschaft. 1536 wurde sie zur evangelischen Hauptkirche.

»Freiraum!« ist der erste Gedanke, der mir kommt, als ich die Kirche betrete. Ein enorm breites Mittelschiff, schmale Seitenschiffe, dazu drei Emporen. Alles läuft auf den großen, geschnitzten Altar zu. Hier kann man atmen. 2.000 Menschen soll die Kirche fassen, 400 passen in den Altarraum. Ideal für Oratorien und Konzerte. Drehen Sie sich um und genießen Sie den Blick auf die prächtige Heidenreich-Orgel. Allein der Anblick ist umwerfend. Der Klang noch viel mehr. Orgelkenner lassen durchblicken, dass das 1834 geschaffene Instrument die klangschönste Orgel in Bayern sei.

Mein Lieblingsobjekt ist das Lazarus-Fenster im rechten Seitenschiff hinter der Kanzel. Es wurde nach einer alten, noch auf Karton erhaltenen Skizze neu angefertigt.

Die Tourist-Information (gleich um die Ecke von St. Michaelis) bietet von April bis Oktober an Samstagen eine etwa 90-minütige Stadtführung durch das historische Hof an – lohnenswert!

57

Erika-Fuchs-Haus Museum für Comic und Sprachkunst
Bahnhofstraße 12
95126 Schwarzenbach a. d. Saale
09284 9498120
www.erika-fuchs.de

Wirtshaus Völkenreuth
Völkenreuth 3
96126 Schwarzenbach a. d. Saale
www.voelkenreuther-wirtshaus.de

WIEDERSEHEN IN ENTENHAUSEN!

Erika-Fuchs-Haus

In meiner Kindheit besaß der Comic keine gute Reputation. Die von manchem Erwachsenen als »Schund« bezeichneten bunten Heftchen mussten wir trickreich erbetteln oder heimlich tauschen. Viele von uns schmökerten unter der Bettdecke in den Bildergeschichten. Auch die studierte Kunsthistorikerin und spätere Sprachkünstlerin Erika Fuchs – die der Liebe wegen nach Schwarzenbach zog und dort zur Übersetzerin der amerikanischen Disney-Comics um die Ente Donald Duck avancierte – hielt von den Bildergeschichten zuerst nicht viel, war aber der Meinung, wenn sie denn übersetzt würden, dann doch bitte anständig. Und sie schuf echte Sprachkunst! Nicht nur legte sie den Entenhausenern viele berühmte Zitate in den Mund – den Schnäbeln von Donald und Konsorten entströmt zuweilen Schiller und Goethe –, sie erfand auch die für Comics so typischen Wurzelverben »ächz«, »keuch«, »grübel«, augenzwinkernd »Erikativ« genannt. Außerdem lassen sich in den deutschen Übersetzungen viele Anspielungen auf Oberfranken entdecken: Ortsnamen wie Kirchenlamitz oder Marktredwitz kommen in den Comics vor; das Café Rheingold in Schwarzenbach hat ebenfalls einen Ableger in Entenhausen.

Der Museumsrundgang im Erika-Fuchs-Haus in Schwarzenbach beginnt mit einem Film über die Geschichte des Comics. Dann gibt es in der Entenstadt überschwängliche Wiedersehensfreude: Den alten Kumpels Daniel Düsentrieb, Onkel Dagobert und natürlich Donald möchte man förmlich die Hand schütteln. Kleine Gäste nehmen ein Bad im Geldspeicher. Größere haben Spaß an den sprachlichen Experimenten, die eine Ahnung vermitteln, wie Sprach- und Bildkunst im Comic zusammenfließen. Produzieren Sie lustige Geräusche und sehen Sie, wie sich diese »übersetzt« als Wort lesen lassen. Oder konstruieren Sie am Substantivgenerator neue Wortgebilde. Mir hat besonders der Comic des Zeichners Simon Schwartz gefallen, der das Leben von Erika Fuchs erzählt.

Nur knappe vier Kilometer entfernt liegt das Wirtshaus Völkenreuth am Förmitztalspeicher. Der Kamin in der urigen Gaststube wärmt an kühlen Tagen. Die hausgemachten Braten sind ein Gedicht!

58

Deutsch-Deutsches Museum Mödlareuth
Mödlareuth 13
95183 Töpen
09295 1334
https://moedlareuth.de

Tourismusverband Oberes Rodachtal
Kronacher Straße 75
96349 Steinwiesen
09262 1538
www.oberes-rodachtal.de

»Little Berlin«

Ehemalige innerdeutsche Grenze in Mödlareuth

Das Umland von Hof im Nordosten Oberfrankens nennen viele »Bayerisch Sibirien«; der Frühling kommt hier später als im Rest Frankens. Doch eine Fahrt auf etwa 500 Meter über Normalnull lohnt, denn der Höhenzug zwischen Frankenwald und Fichtelgebirge verspricht weiten Raum und tiefe Ruhe. Weiter nördlich, an der Grenze zu Thüringen, liegt das Dorf Mödlareuth; die innerdeutsche Grenze teilte es 41 Jahre lang in Ost und West.

Sein Schicksal verdankt Mödlareuth einer kuriosen Grenzziehung. Als 1810 entlang des Tannbachs, der mitten durchs Dorf fließt, neue Grenzsteine gesetzt wurden, signalisierte die Initiale »KB« die Zugehörigkeit des westlichen Teils zum Königreich Bayern, »FR« stand für »Fürstentum Reuß«, zu dem sich der östliche Teil rechnete. Auch nach dem Ersten Weltkrieg blieb der Tannbach eine reine Verwaltungsgrenze, nun zwischen einem bayerischen und einem thüringischen Ortsteil. Die Mödlareuther lernten in einer Schule und tafelten in einem Wirtshaus.

Mit der Teilung Deutschlands nach dem Zweiten Weltkrieg änderte sich der Status quo. Der östliche Teil gehörte nun zur sowjetischen Besatzungszone, der westliche zur amerikanischen. Kontakte und Grenzübertritte im Dorf wurden schnell erschwert und schließlich verunmöglicht. Ab 1952 halfen auch Passierschein und kleiner Grenzschein nicht mehr, um von Mödlareuth/DDR nach Mödlareuth/Bundesrepublik zu wechseln. Die DDR ließ an der Demarkationslinie einen zehn Meter breiten Sicherungsstreifen anlegen, die fünf Kilometer tiefe Schutzzone reichte weit ins Hinterland. Winken von Ost nach West war verboten. Der im gleichen Jahr errichtete Grenzzaun aus Holz wurde 1966 durch eine Mauer von gleicher Machart wie in Berlin ersetzt. Ein Teil des Originals ist als Mahnmal erhalten und gehört mit den früheren Grenzanlagen zum Außengelände des Deutsch-Deutschen Museums Mödlareuth. Ein Spaziergang durch das stille Dorf lässt die historische Dramatik heute noch nachhallen.

Ein außergewöhnlicher Lieblingsplatz voller Eindringlichkeit!

Das Grüne Band, die ehemalige deutsch-deutsche Grenze, kann heute auf Wanderungen durchstreift werden, zum Beispiel ab Steinwiesen im Oberen Rodachtal.

59

Fernwehpark »Signs of Fame«
Fabrikstraße 11
95145 Oberkotzau
09286 94110
www.fernweh-park.de

Schlossbrauerei Stelzer
Hauptstraße 3
95145 Oberkotzau-Fattigau
09286 6260
www.schlossbrauerei-stelzer.de

EINMAL UM DIE GANZE WELT

Fernwehpark »Signs of Fame«

Ich gebe es zu – ich bin Fernwehneurotikerin. Der Anblick eines unter blauem Himmel dahinziehenden Jets macht mich fertig. Ich liebe Straßenschilder aus aller Welt und Aufkleber mit »Kangaroos next 15 km« drauf. Kein Wunder, dass der neu gestaltete Fernwehpark, der 2017 von Hof auf ein weitläufiges Gelände im nur sieben Kilometer entfernten Oberkotzau umgezogen ist, für mich das schönste Kopfkino bereithält.

Zehn Jahre nach dem Fall der Mauer begann die Geschichte des Fernwehparks »Signs of Fame«, inspiriert vom kanadischen Sign Post Forest in Watson Lake. Initiator in Oberfranken ist der Filmemacher Klaus Beer. Einer, der über den Tellerrand hinausschaut. Seine Initiative ist von dem Wunsch getragen, ein mannigfaltiges kulturelles Miteinander statt Gegeneinander zu leben; er hat ein kleines Wunder errichtet. Von Holzpfählen gesäumte Straßenzüge sind bestückt mit (über 3.000) Orts- und Straßenschildern und nach Regionen geordnet. In der Sektion »Australien« grüßt keck ein gelbes Schild: »G'Day from Sydney«. Schon fühle ich mich wie im Urlaub. Gleich um die Ecke können sich ein paar Besucher an dem Pfahl nicht sattsehen, der den Traum von der Route 66 aufleben lässt – dies ist übrigens auch eine der Lieblingsstelen von Klaus Beer, der einst einen Film über Amerikas Kultstraße drehte. Bekannte Gesichter aus dem Showbiz grüßen von gut 400 handsignierten Starschildern. Sie alle unterstützen die Friedensidee des Fernwehparks. Jeder ist eingeladen, Schilder vom Urlaubsort mitzubringen. Natürlich mit dem Placet der dortigen Stadtverwaltung, die sich über die Publicity (inklusive Pressebericht von der Übergabe) bestimmt freuen wird.

Großer Jubel um die Ecke: In der Straße der witzigen Ortsnamen kriegt sich jemand nicht mehr ein über Schilder, die auf »Anschissing«, »Hundeluft« oder »Büchsenschinken« weisen. Hier hängt auch das längste Ortsschild Europas, aus dem walisischen Llanfairpwllgwyngyllgogerychwyrndrobwllllantysiliogogogoch. Na, wenn Sie jetzt kein Fernweh haben …

Im nahen Fattigau braut die Schlossbrauerei Stelzer aus Bioland-Rohstoffen und Wasser vom eigenen Brunnen etliche Biere, etwa das unfiltrierte Zwickl und den dunklen Rittertrunk.

60

An der Porzellanstraße im Fichtelgebirge liegt das **Deutsches Porzellanmuseum**
Schirndinger Straße 48
95691 Hohenberg a. d. Eger
09233 77220
www.porzellanikon.org

Weitere Informationen:
Tourist Information Selb
Ludwigstraße 29
95100 Selb
09287 956385
www.selb.de

DEM WEISSEN GOLD AUF DER SPUR

Auf der Porzellanstraße im Fichtelgebirge

Sie befinden sich in Oberfranken – der Genießerregion! Nach vielen kulinarischen Tipps und Hinweisen wird es Zeit, mal auf die Basis zu achten: Worauf serviert man uns Bratwurst, Krustenbraten und Co.? Sicher nicht immer auf Porzellan. Ungeachtet der Tatsache, dass Oberfranken und speziell das Fichtelgebirge 300 Jahre Porzellangeschichte erzählen können! Die Bayerische Porzellanstraße führt über 550 Kilometer durch das nordöstliche Oberfranken und die nördliche Oberpfalz.

Ehrlich gesagt: Mit Porzellan stand ich bisher nicht auf gutem Fuß. Immerhin geht es leicht kaputt, ist teuer, und beides beißt sich. Da helfen auch so berühmte Namen wie Hutschenreuther, Rosenthal oder Walküre nichts. Mein neues Verhältnis zum Weißen Gold verdanke ich den Recherchen zu diesem Buch.

Das Porzellan, in China schon 900 v. Chr. bekannt, wurde in Europa erst 1708 entwickelt. Drei Jahrhunderte Tisch- und Wohnkultur in Deutschland also, die Ihnen das Deutsche Porzellanmuseum in Hohenberg an der Eger nahebringt. Porzellan ist ja mehr als Essgeschirr, mehr als Teller und Tasse. Da gibt es Papageien, karibische Tänzerinnen, Früchte und Blumen; sogar Josephine Baker im Porzellankleid. Kitschig? Mag sein. Aber auch ein sinnlich-schrilles Vergnügen!

Die reichen Kaolinvorkommen in Nordbayern verschafften Oberfranken bei der Porzellanherstellung einen Standortvorteil. Zwar geriet die deutsche Porzellanindustrie in den 1970er-Jahren aufgrund von gestiegenen Arbeitskosten und Billigimporten in die Krise, doch derzeit hofft man auf eine Trendwende: Der Überdruss an der Massenware verhilft den feinen, heimischen Produkten zu mehr Attraktivität.

Haben Sie – pardon – Kaolinstaub geleckt? Dann bieten die Werksverkäufe von Arzberg bis Wunsiedel manchen Preisvorteil. Ein echter Crack, wer es selber ausprobieren möchte: Grundform aus Ton modellieren, zerschneiden, Details ausarbeiten, die fertige Arbeitsform mit flüssigem Porzellan ausgießen, brennen und bemalen. Möglich ist das zum Beispiel in Hohenberg an der Eger.

Porzellan auf dem Flohmarkt bestaunen, anfassen und – vielleicht – kaufen? Der größte Porzellanflohmarkt Europas in Selb lädt zum Stöbern ein. Immer am ersten Samstag im August.

61

Porzellanbrunnen in Selb

Porzellanikon
Werner-Schürer-Platz 1
95100 Selb
09287 918000
www.porzellanikon.org

GIESSEN, BRENNEN, GLASIEREN

Porzellanikon

Selb, die Porzellankapitale. Im Porzellangässchen liegt das Weiße Gold auf der Straße, die Porzellanbrunnen sprudeln, in unmittelbarer Nähe lassen sich Eis und Espresso genießen. Eine prächtige Einstimmung auf den Ausflug zum Porzellanikon. Porzellanherstellung ist anstrengend; auch dem Besucher verlangt das weitläufige Museumsgelände einiges ab. Allerdings unter paradiesischen Bedingungen: Anfang des letzten Jahrhunderts lag die Lebenserwartung eines Porzellanarbeiters bei kurzen 43 Jahren.

Das Porzellanikon führt vor, wie aus Feldspat, Quarz, Kaolin und Wasser Kunstwerke für den täglichen Gebrauch werden. 1969 wurde die ehemalige Fabrik stillgelegt. In den späten Neunzigern eröffnete der erste Abschnitt des Museums. Inzwischen gehören sechs Gebäude zum Komplex. Gezeigt wird die handwerkliche und industrielle Seite der Porzellanherstellung, beginnend mit den Rohstoffen und der Dampfmaschine, am Ende steht der Einsatz von technischer Keramik: Hüftgelenken, Zündkerzen, Niederstromisolatoren und profanen Pfeffermühlen ist das Porzellan als wichtiger Bestandteil gemeinsam. Haus 3 sehen Sie sich am besten von oben nach unten an. Neben allen Exponaten, den filmischen und computeranimierten Erläuterungen: Mir gefällt einfach das weitläufige Fabrikgebäude, das ganz zweckmäßig, vielleicht sogar ein wenig spröde daherkommt.

Sehen Sie sich unbedingt die Vorführungen zu den einzelnen Produktionsabschnitten an. Da wäre das Eindrehen eines Bechers. Die Drehscheibe wurde in alter Zeit von der Dampfmaschine angetrieben. Fassen Sie die Rohmasse an – sie ist schön kühl und seltsamerweise geruchlos. Ratzfatz ist daraus ein Becher gedreht, der sich allerdings erst nach dem Brennen aus der Form löst. Eine Zuckerdose zu gießen, ist schon komplizierter. Erstaunlich, wie viel Arbeit an jedem Stück trotz aller Industrialisierung noch von Hand erledigt sein will. Die Museumsleute machen ihre Sache sehr professionell und sind bei allen Fragen mit Tipps und Hilfe zur Stelle. Ein Lieblingsplatz für Wissbegierige und meine persönliche Neuentdeckung!

Selb ist der ideale Ausgangspunkt für Ausflüge nach Böhmen, etwa ins circa 30 Kilometer entfernte Eger (Cheb) mit seiner Kaiserburg.

62

Luisenburg-Festspiele Wunsiedel
Jean-Paul-Straße 5
95632 Wunsiedel
09232 602162
www.luisenburg-aktuell.de

DIE KÖNIGIN LÄDT ZUM DRAMA

Luisenburg-Festspiele Wunsiedel

Wenn der Pumuckl durch die Felsenlandschaft wirbelt und dabei die Nerven vom Meister Eder aufs Äußerste strapaziert oder die Blues Brothers inmitten eines Granitmeeres ihre Band wieder zusammenbringen, spürt man, dass man hier einer außergewöhnlichen Theatervorstellung beiwohnt. Nicht vergessen: Sie befinden sich im ältesten Freilichttheater Deutschlands, dessen Kulisse das größte Felsenlabyrinth Europas bildet!

Immerhin ist die Luisenburg auch nach einer Königin benannt: Nach Luise von Mecklenburg-Strelitz, Königin von Preußen, die Wunsiedel 1805 einen Besuch abstattete. Die junge Luise, so ist überliefert, habe sich eher ungezwungen als aristokratisch gegeben, was ihr bei der Bevölkerung viel Sympathie einbrachte. Schön also, dass ihr Name Pate steht für die Luisenburg-Festspiele, denn auch hier geht es natürlich-ungezwungen zu, schließlich befinden wir uns in einem Naturtheater, umrahmt von Granitfelsen schier unglaublicher Dimensionen und Formen. Schon im 18. Jahrhundert haben Wunsiedler Lateinschüler auf dem Margarethenstein selbst verfasste Stücke gespielt, wobei es bestimmt auch nicht besonders konventionell zuging.

Zugegeben, wenn man einen Blick auf die Karte wirft, scheint Wunsiedel schon recht weit vom Schuss zu liegen. Zu Festspielzeiten jedoch gilt: Alle Mann ins Theater! In jedem Sommer, so heißt es inoffiziell, kämen um die 150.000 Besucher. Gespielt wird klassisches Schauspiel, Kindertheater, Musical, Oper und Kabarettistisches. Durch Umbauarbeiten wurde die Festspielbühne 1970 noch einmal erweitert. Die gute Akustik macht staunen. Eine Menge Special Effects halten die Zuschauer auf Trab. Die Schauspieler können sich auf leisen Sohlen oder mit gehörigem Tamtam der Bühne nähern – die Überraschung trifft jedes Mal. Da das Wetter in Oberfranken genauso unzuverlässig ist wie anderswo in Mitteleuropa, sollten Sie zur Vorstellung eine warme Sitzunterlage und einen Anorak mitbringen. Dann steht dem Vergnügen nichts mehr im Weg!

Die klassizistische Altstadt von Wunsiedel lädt zum historischen Spaziergang ein – zum Beispiel zum Geburtshaus des Dichters Jean Paul oder zum Koppeten-Tor.

VIEL RAUM FÜR SPORTSKANONEN

Sportlich durch Oberfranken

Mit seinen Bergen, Wäldern und Flüssen ist Oberfranken ausgesprochen attraktiv für Naturfreunde. Radfahren, Wandern, Skilaufen – für jeden ist etwas dabei! Besonders die drei Regionen Frankenwald, Fränkische Schweiz und Fichtelgebirge laden ein, draußen aktiv zu sein. Das Fichtelgebirge ist übrigens eine der schneesichersten Gegenden Deutschlands, weshalb es mit seinen Loipen und Liften eine beliebte Wintersportregion darstellt. Aber natürlich treibt es weit mehr Menschen zur Sommerzeit hinaus in die Natur. Und so finden sich in Oberfranken Wege und Pfade genug, die garantiert jeder sportlichen Kondition und Vorliebe gerecht werden.

Spektakulär ist der 520 Kilometer lange Frankenweg, der vom Rennsteig bis in die Schwäbische Alb führt. 2004 erhielt er das Gütesiegel »Qualitätsweg Wanderbares Deutschland«. Sein Startpunkt liegt im Frankenwald, nahe Blankenstein. Über Jahrzehnte im toten Winkel der Weltpolitik gelegen, hat sich dieser Landstrich seinen individuellen Charakter erhalten: Mensch und Natur zeichnen sich durch Urwüchsigkeit und Unkompliziertheit aus. Außer dem Wandern kann der Gast auch exzentrischeren Sportarten nachgehen: Rafting auf der Wilden Rodach zum Beispiel. Die Floßfahrten bei Wallenfels haben, so heißt es, den Ruf des Legendären. Die Tradition des Flößens wurde im Frankenwald immerhin 800 Jahre lang gepflegt. Allerdings nicht als Event, sondern als harter Broterwerb in einer armen Gegend.

Oberfranken ist sicherlich die vielfältigste Biergegend in Europa. Logischerweise lockt gerade diese Region den Touristen auf ein Netz von Bierwanderwegen, wo außer dem Gerstensaft auch selbstgebackenes Brot und hausgebrannte Schnäpse den Ausflügler stärken. Der sogenannte Bierquellenweg in der lieblichen Fränkischen Schweiz ist ein besonderes Erlebnis: Der 21 Kilometer lange Rundweg, der in Lindenharth an der Leupsmühle startet, führt zu vier Kleinbrauereien. Hier kostet man keine Industrieprodukte, sondern Lebensmittel aus heimischen Zutaten, die entstanden, wo der Gast sie genießt! Wer ein bisschen zu viel vom Ungespundeten probiert hat, kann den Wanderweg auch in zwei Etappen einteilen.

Auf dem Drahtesel kommt man flott voran – und hat dennoch Zeit, die Landschaft zu genießen, abzuschalten und den Alltag für eine Weile zu vergessen. Weißer und Roter Main vereinigen sich nahe Kulmbach zum Main; der Weiße entspringt am Ochsenkopf bei Bischofsgrün, der Rote in Creußen nicht weit von Bayreuth. Bei Bamberg wird der Main noch durch die Regnitz verstärkt, bevor er weit von Franken entfernt in Mainz-Kastel in den Rhein mündet. Der oberfränkische Hauptteil des Mainradweges verbindet das markgräfliche Bayreuth mit dem barockkatholischen Bamberg; zwei sehr unterschiedliche Städte, aber auch die beiden größten in der Region. Die erste Etappe führt von Bayreuth nach Kulmbach (76 Kilometer), die zweite von Kulmbach nach Bamberg (91 Kilometer). Wenn Sie den Wind lieber im Rücken haben, sollten Sie Ihre Radtour in Bamberg starten und zur Quelle radeln – meist herrscht Westwind! Bouldern und klettern lässt es sich nach Herzenslust vor allem in der wildromantischen Fränkischen Schweiz. Eine beliebte Gegend ist die Umgebung von Veilbronn im malerischen Leinleitertal mit ihren zahlreihen Felsen (www.frankenjura.com).

Sie lieben das Wasser? Steigen Sie doch gleich ins Kajak oder den Kanadier. Der Main wurde in den letzten Jahren an vielen Stellen renaturiert, um Pflanzen und Tieren wieder ihren angestammten Lebensraum einzuräumen. Sandbänke, Auwälder und Steilufer sind faszinierende Universen, die Sie am intensivsten vom Wasser aus erleben. Der Kanuwanderweg Obermain zwischen Hausen / Bad Staffelstein und Hallstadt bei Bamberg mit seinen 35 Kilometern lädt zum Paddeln geradezu ein – ohne Wehre, mit viel Natur. Vielleicht haben Sie Glück und sehen einen Eisvogel übers Wasser schießen? Passieren könnte Ihnen das auch bei einer Kanutour auf der wilden Wiesent in der Fränkischen Schweiz zwischen Behringersmühle und Muggendorf.

Wandern und Literatur passen gut zusammen – indem man sich beim Wandern über das Buch unterhält, das man gerade liest. Oder gehören Sie zu jenen, die ein Taschenbuch im Rucksack tragen, um auf einer stillen Bank zu schmökern? Der 200 Kilometer lange und mit Texttafeln bestückte Jean-Paul-Weg (von Hof bis Bayreuth), führt zu den wichtigsten Lebensstationen des Dichters und damit zu den Landschaften, die Jean Paul inspirierten. Schon Ernst Bloch nannte den bildgewaltigen Romantiker einen »Dichter der schönsten Wunschlandschaften«.

Ochsenkopf
Startpunkt der Wanderung: Kur- und Tourist Information
Jägerstraße 9
95493 Bischofsgrün

Nähere Informationen:
Tourismuszentrale Fichtelgebirge e.V.
Gablonzer Straße 11
95686 Fichtelberg
09272 969030
www.tz-fichtelgebirge.de
www.oxenkopf.de
Tourenplan Ochsenkopfwanderung:
www.bischofsgruen.de

SKI, RODEL UND FANTASIE GUT

Bergerlebnis Ochsenkopf

Viele Orte im Umkreis tragen »berg« oder »grün« im Namen – kein Wunder, denn grün ist es, tiefgrün, und bergig zumal. Wie ein nach oben offenes Hufeisen erhebt sich das Fichtelgebirge auf über 1.000 Meter. Hier verläuft die europäische Hauptwasserscheide zwischen Nordsee und Schwarzem Meer. Die Höhenzüge machen also nicht nur visuell etwas her. Sie wollen erklommen werden! Per Ski oder auf Schusters Rappen – Gipfelstürmer lieben Herausforderungen!

Dabei ist der Ochsenkopf mit seinen 1.024 Metern über Normalnull nur der zweithöchste Berg des Fichtelgebirges. Sein Kompagnon, der etwas höhere Schneeberg (1.051 Meter), liegt ein Stück nördlich. Letzterer war während des Kalten Krieges Sperrgebiet. Mittlerweile ist er wieder zugänglich, markiert sogar eine Station auf dem Main-Donau-Wanderweg. Seine militärische Vergangenheit merkt ihm der Wanderer jedoch noch auf Schritt und Tritt an.

Der Ochsenkopf ist also der touristischere der beiden Brüder. Doch es gibt noch Raum für schweigsame Aufstiege. Das Wanderzentrum Bischofsgrün stellt einen exakten Tourenplan zur Verfügung. Man begibt sich auf Goethes Spuren. Der Wortgewaltige kletterte 1785 auf den Gipfel und zeichnete eine Felsformation, die damals Dreiadlerfelsen hieß, heute aber unter Goethe-Felsen firmiert. Außerdem stoßen Sie auf weitere schöne Gesteinsformationen und ein Geheimnis: Im nordwestlichen Gipfelbereich finden Sie einen Stierkopf in den Granit gemeißelt. Wer die Zeichnung hinterlassen hat und warum, ist unbekannt. Aber beim Wandern hat man Zeit, über Winkelzüge der Geschichte und Traumtänze der Fantasie zu sinnieren.

Den Asenturm ganz oben (eine kleine Gaststätte gehört dazu) sollten Sie zu guter Letzt noch erklettern, um den Blick über das Fichtelgebirge schweifen zu lassen. Bei schönem Wetter ein Traum – und im Winter liefert der Turm selbst Anlässe für viele »Ahs« und »Ohs«. Denn in der schneesichersten Region Frankens pfeift in luftiger Höhe ein derartig frostiger Wind, dass die Eisformen ausgefallener nicht sein könnten.

Abenteuer gefällig? Finden Sie einen Schatz im Fichtelsee. Oder testen Sie Ihren Mut im Kletterwald (falls Ihnen die Sommerrodelbahn zu langweilig sein sollte …).

64

Gasthof Deutscher Adler und Kur- und Ferienhotel Puchtler
Kirchenring 4
95493 Bischofsgrün
09276 926060
www.puchtlers.de
www.essbares-fichtelgebirge.de

Giersch, Bärwurz und Hirschholunder

Gasthof Deutscher Adler

Adler – man kennt das – gibt es in Deutschland nur noch als Namensgeber von Gasthöfen. In der Masse jedenfalls. Wildlife in Germany ist Vergangenheit, nicht nur, was Raubvögel betrifft. Doch halt, nicht kulinarisch. Dafür sorgt die Initiative »Essbares Fichtelgebirge« mit einem guten Dutzend Köchen, unter ihnen Thomas Puchtler vom Deutschen Adler in Bischofsgrün. Die Wildnis liegt bei ihnen auf dem Teller, und zwar in Form von Wildkräutern, wie sie typischerweise im Fichtelgebirge gedeihen.

Die unter dem Label »qualifizierter Wildkräuter-Koch« firmierenden Köche teilen die Leidenschaft für den guten Geschmack und das Wilde, Unverfälschte, das, was es nicht überall gibt, was aber mehr ist als schlagwortartig innovativ, eben natürlich, heimisch und gesund. Da wären zum Beispiel der Giersch oder der Löwenzahn – vergessen der eine, als Unkraut verpönt der andere. Und wer hat schon einmal vom Gundermann gehört? Geben Sie es zu – haben Sie nicht. Ich auch nicht. Mittlerweile möchte ich das aromatische, harzige und irgendwie minzige Kraut nicht mehr missen. Es gelingt also, jenseits des globalen Dorfes kulinarische und regionale Schätze aufzutun.

Was noch alles auf den Wiesen, in den Wäldern und an den Wassern des Fichtelgebirges wächst und gedeiht, vermittelt das Projekt »Essbares Fichtelgebirge« – ein Zusammenschluss von Köchen (sowie einem Metzger, einem Bäcker und einem Destillateur), die nicht nur Schmackhaftes auf den Tisch stellen, sondern auch Besucher in die Schatztruhe der heimischen Kräuter schnuppern lassen. Die Teilnahme an einem Wildkräuter-Kochkurs wird Sie und Ihre Nase verzaubern. Auf der Webseite der Initiative finden Sie die Namen der Wirtschaften und der Köche, die dort kochen. Im Gasthof Deutscher Adler etwa. Der liegt romantisch beschaulich gleich an der Kirche in Bischofsgrün – auf luftigen 676 Metern Höhe. Bei schönem Wetter sitzt man draußen und beobachtet das entspannte Treiben im Ort. Manchmal ist auch gar nichts los. Das Fichtelgebirge will beruhigen, nicht aufregen. Das Adrenalin tobt anderswo.

Nicht weit von Bischofsgrün ragt der Ochsenkopf in die Höhe – nach einer Wanderung schmeckt die in Bierteig gebackene Fichtelgebirgsforelle noch leckerer.

65

Kristallgrotte Bad Berneck
95460 Bad Berneck
Treffpunkt: Rotherstraße /
Ecke Bärnreuther Weg
www.bad-berneck.de

Führungen: Dr. Joachim
Nedvidek
0176 76446212
www.kristallgrotte-bad-
berneck.de
www.qr-tour.de

NATURWUNDER UNTER TAGE

Kristallgrotte Bad Berneck

Die Pressemeldung im Frühjahr 2011 glich einer kleinen geologischen Sensation: Im Keller eines Hauses, direkt in Bad Berneck an der B 2, glitzern und funkeln schneeweiße Kristalle an den Felswänden. Der Eigentümer, selbst Ranger im Geopark Bayern-Böhmen, staunte nicht schlecht, als er den zuckergussartigen Belag entdeckte. Auch das Bayerische Landesamt für Umwelt war begeistert: Herzlich willkommen also in einem von Bayerns jüngsten Geotopen! Jung natürlich nur bezüglich seines Eintrags im Geotopkataster. Denn das Bernecker Diabasgestein ist satte 370 Millionen Jahre alt; 2017 wurde es zum »Gestein des Jahres« gewählt.

Die Kristallgrotte ist nur über eine Führung zugänglich. Aber was heißt »nur«: Der Ausflug ins Felsinnere ist wunderbar untouristisch, ungekünstelt und geologisch absolut fundiert. Wir sind zu zehnt. Ausgestattet mit gelben Helmen und Taschenlampen tappen wir die 40 Meter bis ans Ende des Kellers. Es geht schnurgerade nach hinten. Die Temperatur beträgt sommers wie winters acht Grad. Zunächst lernen wir die Geschichte des Kellers kennen. Bier wurde hier gelagert, Obst und Gemüse. Einst gab es an Ort und Stelle ein Bergwerk mit dem poetischen Namen »Goldener Schwan«, das Schieferalaun im Diabas abbaute. Im Zweiten Weltkrieg diente der Felsenkeller als Luftschutzraum.

Während die Lichtkegel unserer Lampen über die Felswände streifen, entdecke ich einen ganzen Farbkasten. Schwarz, grau, grün, rot. Zeugen der Erdentwicklung über Jahrmillionen, die Joachim Nedvidek fachkundig erläutert. Und dann stoßen wir auf die Sensation: Weißer Kalk überzieht funkelnd die Felswände. Die Calcitkristalle glitzern wie Schnee; herrliche Muster, die mich an Korallen erinnern. Am Boden sind Flaschenreste und Scherben schon festgebacken. Von den noch kleinen Stalaktiten tröpfelt es beständig. Als wir ganz zum Schluss andächtig dem *Raben* von Edgar Allan Poe lauschen, dem poetischen Endpunkt der Führung, hören wir das beständige Klicken der Wassertropfen. Eindringlich – und ein wenig unwirklich.

Die QR-Tour-App (ausgezeichnet mit dem ADAC Tourismuspreis Bayern 2016) auf Ihrem Tablet begleitet Sie zu den interessantesten Orten in Bad Berneck und Goldkronach.

Kulmbach, Kronach und Frankenwald

66

Tourist Information Kulmbach
Buchbindergasse 5
95326 Kulmbach
09221 95880
www.kulmbach.de

Italienische Eismanufaktur Buonissimo Kulmbach
Kressenstein 20
95326 Kulmbach
09221 86662
www.buonissimo-online.de

DIE HEIMLICHE WELTSTADT DES BIERES

Stadt zwischen Starkbier und Zinnfiguren

Kulmbach ist in der Region Oberfranken besonders für die jährlich stattfindende Bierwoche bekannt. Eröffnet werden die neun dem flüssigen Gold gewidmeten Tage stets am letzten Samstag im Juli. Immerhin konkurriert die Stadt mit Bamberg um den Titel »Hauptstadt des Bieres«. Konkurrenz dieser Art ist leicht verdient in einer Region, die die höchste Brauereidichte der Welt für sich reklamiert!

Um die Entstehung der fränkischen Biersorten ranken sich allerlei Legenden. Eine davon ist die vom faulen Brauereigesellen, der mit Bockbier gefüllte Fässer in einem eisigen Winter im Hof der Brauerei vergaß. Sie gefroren, tauten zur Schneeschmelze wieder auf und lieferten einen schmackhaften Extrakt mit hohem Alkoholgehalt: Der Eisbock war erfunden.

Allerdings punktet Kulmbach nicht nur mit seinen Bieren: So hat es die aus feinem Mett bestehende Kulmbacher Bratwurst zu einigem Ruhm gebracht. Sie wird in einem Anisbrötchen serviert – eine satte Grundlage für das von der Kulmbacher Brauerei AG gebraute Starkbier EKU 28. Mit 28 Grad Stammwürze und elf Prozent Alkohol ist es eines der stärksten Biere der Welt: ein bernsteinfarbener Doppelbock, den Barkeeper neuerdings als Grundlage für diverse Drinks entdeckt haben wollen.

Bekannter Sohn Kulmbachs ist Hans Wilsdorf. Am Marktplatz erinnert eine Gedenktafel an den späteren Begründer der Rolex-Uhren AG, der 1881 in Oberfranken das Licht der Welt erblickte. Seine Berufung für das Uhrenfach entdeckte er fern der Heimat in der Schweiz. Er verstarb 1960 in Genf.

Kulmbachs Altstadt lädt zum Schlendern ein. Wie wäre es mit einem Aufstieg zur 1135 erstmals urkundlich erwähnten Plassenburg? Sie ist eines der größten Renaissancegebäude Deutschlands und beherbergt vier Museen, darunter das deutsche Zinnfigurenmuseum. Das bauliche Ensemble hinterlässt einen bleibenden Eindruck, auch ohne Museumsbesichtigung. Niemand kann sich dem Zauber des Schönen Hofes mit seinen Reliefbildern zwischen den Arkadengängen entziehen.

Hervorragenden Espresso und Eisbecher, die einem den Kopf verdrehen, gibt es im Eiscafé *Buonissimo*. Von der Terrasse aus hat man einen herrlichen Blick auf die Plassenburg.

67

Kommunbräu
Grünwehr 17
95326 Kulmbach
09221 84490
www.kommunbraeu.de

DIE ENTDECKUNG DER BIEROLOGISCHEN FREIHEIT

Kommunbräu

In einer Stadt, in der das Biergeschehen so gut wie vollständig in den Händen eines Großkonzerns liegt, eine eigenständige Brauerei aufmachen – das zeugt von Widerstandsgeist und von einer guten Idee: 1992 gründeten Kulmbacher Bürger die Genossenschaftsbrauerei Kommunbräu. Indem sie Anteile zeichneten, finanzierten sie ihre eigene Brauerei. Ihre Initiative fußt auf der Tradition der Kommunbräuhäuser, in denen Bürger, die ein Braurecht besaßen, ihr eigenes Bier zu brauen pflegten.

In dem ein wenig abseits liegenden blauen Haus am Mühlbach wird an vier Tagen die Woche gebraut. Wer mittags die Gaststube betritt, riecht sofort das würzige Malz und spürt noch Reste der warmen Braudämpfe durch den Raum wabern: denn gebraut wird in der Wirtsstube. Wer mag, kann dem Braumeister über die Schulter schauen. Brauereiführungen sind (nach Voranmeldung) möglich.

Jedem Monat sein Biermotto, so heißt es in der Kommunbräu. Zwölf unterschiedliche Biersorten geleiten die Gäste durch das Jahr. Der Gast kann hier also nicht nur genießen, sondern darüber hinaus eine Menge über Brautechniken und fränkische Biertradition lernen.

Das Jahr startet mit einem opaken, 5,5-prozentigen Brezen-Bier, führt über das rauchige Hexenbier im April zum kaltgehopften Pils, dem Sommerbier für den Monat Juni. Für Abkühlung an heißen Augusttagen sorgt das frische Sommerweizen, ein obergäriges Weizenbier. Das süffige Dezember-Bockbier zum Jahresabschluss trägt den vielsagenden Namen »Delirium« – mit einem strammen Alkoholgehalt von 7,4 Prozent und einer Stammwürze von 16,5 Prozent.

Eine tragfähige Grundlage kann also nicht schaden. Dafür sorgt die deftige Küche der Kommunbräu. Dass Oberfranken sich zu Recht als Genussregion bezeichnet, darauf lässt sich in der gemütlichen Gaststube mit den schwarzen Bänken und Stühlen und den weißgeschrubbten Tischen die Probe aufs Exempel machen. Wenn Sie es würzig mögen: Fragen Sie nach dem Fränkischen Hackbraten!

Am ersten Mittwoch im Monat wird die aktuelle Bierspezialität angezapft. Wer es hochprozentig mag, kann aus einem Sortiment hausgebrannter Schnäpse (die Früchte sind vom eigenen Bauernhof) wählen.

68

Deutsches Dampflokomotiv Museum
Birkenstraße 5
95339 Neuenmarkt
09227 5700
www.dampflokmuseum.d

Es wallet, siedet, brauset und zischt

Deutsches Dampflokomotiv Museum

Nein, eine Dampflok hatte Schiller sicher nicht im Kopf, als er diese herrliche Reihung dynamisch-bewegter Verben schuf. Aber dass es siedet, braust und zischt, wenn es um Dampfloks geht, daran besteht kein Zweifel. Der Geruch, die Geräusche, die unmittelbar erfahrbare Macht der Technik machen die alten Dampfrösser so faszinierend. Mag in unserem PC auch ein Vielfaches an elektronischen Impulsen brausen und sieden – man sieht, hört, riecht und schmeckt es nicht.

Eisenbahntechnik ist in Franken tief verwurzelt: 1835 unternahm der Adler zwischen Nürnberg und Fürth seine Jungfernfahrt. 142 Jahre später endete in Deutschland die Epoche der fauchenden Dampfrösser. Gut 30 alte Damen sind im Museum zu bewundern. Werfen Sie einen Blick in den Führerstand, bestaunen Sie von der begehbaren Achssenke aus eine Lok von unten – und wenn Sie das Museum verlassen, riechen Sie ein klein bisschen nach Metall und Kohle.

Im Deutschen Dampflokomotivmuseum wird wahrlich Technik für die Sinne geboten. Da wäre zunächst der 15-ständige Lokschuppen. Wie klein fühlt sich das Menschlein angesichts der schwarzen Giganten! Doch halt, nicht alle sind schwarz: Eine Lok beispielsweise hat einen grauen Anstrich – Make-up für den Fototermin. Denn zu Zeiten der Schwarz-Weiß-Fotografie waren so die Details der Lok besser zu erkennen, als wenn sie schwarz abgelichtet wurde. Die Schminke aus Wasserfarben wurde nach dem Foto-Shooting wieder abgewaschen.

Salonwagen 10242 erinnert an die Zeit, als die Großen der Geschichte noch per Bahn unterwegs waren. Adenauer reiste in dieser rollenden Luxusherberge 1955 zum Staatsbesuch nach Moskau. Schautafeln erläutern die historische Rolle der Bahn in Deutschland.

Der Außenbereich des Museums wartet mit weiteren technischen Raffinessen auf: einem Schneepflug auf Schienen, Kohle- und Wasserkränen, einer Segment-Drehscheibe und etlichem mehr. Kindern macht die Rundfahrt auf der Schmalspurbahn Spaß.

Zahlreiche Veranstaltungen rund ums Jahr beleben das Museumsprogramm; beliebt sind die Sonderfahrten mit der Dampflok über die Schiefe Ebene oder ins Pegnitztal.

69

Startpunkt zur Bahnstrecke »Schiefe Ebene«:
Friedhof
Pulsterweg
95509 Marktschorgast

Bahnhof Marktschorgast
Bahnhofstraße 29
95509 Marktschorgast
www.schiefe-ebene.info

HOCHKARÄTIGE EISENBAHNHISTORIE

Bahnstrecke »Schiefe Ebene«

Ludwig I. wollte Bayern an Sachsen anbinden, und zwar mit der Eisenbahn – und stellte seine Ingenieure vor Herausforderungen. Der Höhenunterschied zwischen Neuenmarkt (348 Meter) und Marktschorgast (505 Meter) war mit der damaligen Technik nicht zu machen. Erfindergeist musste her, und damit schrieb die Ludwig-Süd-Nord-Bahn Eisenbahngeschichte: Zum ersten Mal wurde auf einer Strecke von acht Kilometern ein Höhenunterschied von 158 Metern bei einer Neigung von 2,5 Prozent überwunden, indem die Trasse mit Kunstbauten ausgestattet wurde, die eine Dampflok seinerzeitiger Technik bewältigen konnte. Das Dampflokmuseum in Neuenmarkt zeigt ein passendes Modellbahnsetting, das Doku-Zentrum im Marktschorgaster Bahnhof informiert en détail über die Technik.

Entlang der »Schiefen Ebene« führt ein neun Kilometer langer Lehrpfad vom Museum in Neuenmarkt nach Marktschorgast (gelbe Markierung mit schwarzem »S« beachten!). Zurück kommt man per Bahn. Wir machen die Tour umgekehrt, denn die spannenderen Konstruktionen liegen am oberen Ende. Sie finden den Einstieg, indem sie den Friedhof überqueren, sich links halten, bis Sie die Unterführung durchqueren und rechts in den Forstweg einbiegen.

Ab jetzt wird es schwindelerregend. Denn die Konstruktion der »Schiefen Ebene« erforderte eine Reihe von Kunstbauten, die zur damaligen Zeit absolut neu waren, schließlich aber zum Vorbild für weitere gebirgige Strecken wurden. Die Bahnbrücken und Durchlässe in der Rampenwand scheinen mit Bäumen und Bach verschmolzen. Steile Aufstiege narren den Wanderer. Die Konstrukte sind allesamt gute 150 Jahre alt, die 2014 neu gestalteten Infotafeln erläutern Technik und Ausführung. Da wäre zum Beispiel die Steilrampen-Mauer: Sie ist feucht und mit Moos bewachsen. Still ist es hier. Ab und zu rauscht ein Regionalexpress die Strecke entlang. Zeitsprung pur.

Klettern Sie bei Objekt Nr. 6 unter der Bahnbrücke durch, links halten. In fünf Minuten erreichen Sie hoch über den Schienen den perfekten Aussichtspunkt.

70

Erste Station auf dem Pfad der Kunsthandwerker:
Töpfermuseum Thurnau
Kirchplatz 12
95349 Thurnau
09228 5351

Weitere Informationen:
Markt Thurnau
Oberer Markt 28
95349 Thurnau
09228 9510
www.thurnau.de

Schloss Thurnau
Marktplatz 1
95349 Thurnau
09228 9540
www.schloss-thurnau.de

DIE HEIMLICHE KOLONIE DER KÜNSTLER

Pfad der Kunsthandwerker

Thurnau – das bedeutet Blumen, Fachwerk, Kopfsteinpflaster, ein Schloss und einen Schlossweiher. Der Marktflecken nicht weit von Bayreuth ist ungeheuer romantisch – und ein fränkischer Geheimtipp. Sein Charme hat durch die Jahrhunderte immer wieder Künstler und Kreative angelockt. Wer länger bleiben will: Gästezimmer und -wohnungen gibt es genug.

Der Kunsthandwerkspfad, der quer durch das Städtchen von Werkstatt zu Werkstatt führt, ist ein Pfad der Inspiration. Quasi ein roter Faden, der die in Thurnau arbeitenden Töpfer, Holzdesigner, Grafiker und Bildhauer miteinander und auch mit ihren Gästen verbindet. Die Besucher können einen Blick in die Werkstätten werfen und erleben, wie Krüge, Stühle und Co. eben nicht industriell gefertigt werden, sondern mit viel Sinn für das Eigene, das Erspürte, Erträumte. Ein Prospekt dient dem Besucher als Wegweiser und leitet von Werkstatt zu Werkstatt. Dabei ist auch Zeit, die bezaubernde Architektur des Städtchens auf sich wirken zu lassen.

Gerade die Töpfer haben in dem Ort am nördlichen Rand der Fränkischen Schweiz Tradition: Schon seit dem 14. Jahrhundert, so ist belegt, widmet man sich hier der Kunst und dem Handwerk mit der Drehscheibe. Ein Anlass, sich gerade hier anzusiedeln, bestand wohl in den reichen Tonvorkommen der Gegend. Das Töpfermuseum gegenüber dem Schloss zeichnet die heimische Historie in Sachen Fayencen, Steingut und Porzellan nach. Es befindet sich in der ehemaligen Lateinschule Thurnaus, die, 1552 gegründet, eine kostenlose Grundausbildung bis zur Universitätsreife anbot. Gehen Sie ruhig noch einige Schritte bergauf und bewundern Sie zurückblickend das Schloss und den hölzernen Übergang zur Kirche.

Nach so vielen inspirierenden Eindrücken bietet sich ein gemächlicher Spaziergang um den Schlossweiher an. Hier ist es ruhig und grün, das Schloss spiegelt sich im Wasser, ein paar Enten ziehen ihre Bahnen.

Wenige Kilometer sind es nach Berndorf. Das dortige Pfarrhaus ist das Geburtshaus von Carl von Linde (1842–1934), dem Erfinder der Kältemaschine.

71

Altstadt Kronach
Startpunkt: Klosterstraße
96317 Kronach

Tourist-Info Kronach
Marktplatz 5
96317 Kronach
09261 97236
www.kronach.de
www.rosenmesse.de/events/kronach

EINE REISE MIT DER ZEITMASCHINE

Spaziergang durch die Altstadt

Wenn Ihnen der Name bekannt vorkommt: Lucas Cranach der Ältere wurde hier 1472 geboren und benannte sich später nach seiner Geburtsstadt. Ein per Handy erreichbarer Audio-Guide führt zu den sieben wichtigsten Cranach-Plätzen in Kronach. Kopf in den Nacken legen lohnt sich: Lassen Sie sich von Fachwerk, Schiefer und spitzen Winkeln im 1.000-jährigen Kronach zu Füßen des Frankenwaldes bezaubern.

Denn Kronach ist vor allem eine Zeitreise. Besonders die Obere Stadt, die auf einem Bergsporn unterhalb der Festung Rosenberg liegende Altstadt, versetzt in alte Zeiten. Sie ist noch vollständig von einer Stadtmauer umgeben, betört mit ihren herrlich renovierten Fachwerkhäusern, Brunnen, bunten Fassaden und traumverlorenen Gässchen.

Ich spaziere von der Klosterstraße aus bergauf. Verlaufen ist unmöglich. Unendliche Fotomotive: Erker, Blumen, Treppengiebel. Eine Katze sitzt im Pflanzkübel im dritten Stock. Eine Stretchlimousine, drinnen eine Hochzeitsgesellschaft, kämpft sich durch die engen Sträßchen. Auf dem Weg zur Festung wird sie vermutlich irgendwo stecken bleiben. Auch das könnte ein lustiges Bild geben.

Samstagvormittag ist es recht verhalten in der Oberen Stadt. Der Gast kann ungestört genießen. Zum Beispiel die vielen historischen Häuser in der Lucas-Cranach-Straße und rund um den Melchior-Otto-Platz. Das Häuserensemble »Auf der Schütt« begeistert. Schon 1492 wurden die drei Häuser erwähnt, gebaut sind sie auf einer aus Erdreich aufgeworfenen Erhöhung. In der kleinen Anna-Kapelle hinter der Stadtkirche Sankt Johannes erfreut die Stille nach den zahlreichen Eindrücken. Gleich daneben führt ein Pfad in die Untere Stadt.

Ich lasse mich lieber noch ein bisschen durch die historischen Gassen treiben. Mache schnell einen Schnappschuss vom Floßherrenhaus, dessen Erdgeschoss noch aus dem Mittelalter stammt. Danach wird's wieder steil: Spazieren wir gemeinsam auf die Festung Rosenberg!

Das Rosenfestival Kronach (jedes Jahr im September) vereint Rosenzüchter, Künstler, Kunsthandwerker und Menschen mit einem Faible für das Schöne vor einmaliger Kulisse.

72

Festung Rosenberg
96317 Kronach
09261 60410
www.kronach.de
http://rosenbergfestspiele.de
www.landschaftsmuseum.de/Seiten/Ausgrab/Aus-Heunbg.htm

WEHRHAFT UND UNVERWÜSTLICH

Festung Rosenberg

Sie wurde niemals von Feinden eingenommen, und das sieht man ihr an: Kronachs Festung Rosenberg ist, so finde ich, die Zitadelle unter den fränkischen Burgen. Hier gibt es, zumindest wenn man sie von Weitem betrachtet, nichts Verspieltes oder Vergnügtes. Die Festung zeigt die kalte Schulter: »Mit mir ist nicht zu spaßen.« Dazu das unvergleichliche Ensemble von Festung und Oberer Stadt – ein Panorama, das Sie am besten vom westlich gelegenen, höheren Breitenloh genießen.

Die ehemalige Bischofsburg, erstmals 1249 erwähnt, markierte zu jener Zeit den nördlichsten Punkt des Hochstifts Bamberg. Sie wurde durch die Jahrhunderte immer wieder umgebaut, erneuert und den aktuellen Verteidigungsbedürfnissen angepasst. Selbst im Dreißigjährigen Krieg hielt sie dem mehrmaligen Ansturm der Schweden stand. Die Legende besagt, die Kronacher, ausgehungert durch die schwedische Belagerung, hätten das letzte noch lebende Tier, eine Hasendame (»Housnkuh«), auf der Stadtmauer umherspazieren lassen. Dies demoralisierte die Schweden. Sie dachten: »Wenn die Kronacher Tiere frei laufen lassen, haben sie noch tonnenweise Vorräte. Belagerung lohnt nicht!« – und zogen ab. Ein paar steinerne Nachfahren mit langen Ohren hoppeln noch heute auf der Stadtmauer herum.

Von der Oberen Stadt kommend ist der Weg zu Fuß zur Festung nicht weit, steil aber schon. Während einer Führung erlebt man die unterirdischen Gänge genauso wie die Bastionen, von denen aus der Blick auf die Stadt wirklich einzigartig ist. Eine Taschenlampe und feste Schuhe sind die richtige Ausrüstung für einen solchen Erkundungsgang.

Kunstfreaks werden die Fränkische Galerie im Südflügel der Kernburg lieben: Mittelalter und Renaissance sind vertreten, Werke von Lucas Cranach, Tilman Riemenschneider und Wolfgang Katzheimer. Besonderen Charme entfalten die Rosenberg Festspiele, die jeden Sommer ein buntes Schauspielprogramm auf die historische Bühne bringen – auch Kinderstücke.

Zwischen den Stadtteilen Gehülz und Burgstall können die (teils rekonstruierten) Fundamente der aus dem 9. Jahrhundert stammende Heunischenburg erwandert werden. Womöglich finden Sie eine Lanzenspitze aus alter Zeit …

FRANKENS SPRACHE, FRANKENS CHARME

Fränkisch

Im Süddeutschen spricht man (noch) Dialekt. Mehr oder weniger stolz und überzeugt, mitunter auch verschämt und mit dem nagenden Gefühl der Unterlegenheit. Dennoch gehört das Fränkisch-Sprechen zum Lebensgefühl der Oberfranken dazu. Die tiefe sprachliche Verwurzelung führt sogar dazu, dass manche Lokale die Speisekarte zweisprachig anbieten: auf Fränkisch und auf Hochdeutsch; so zum Beispiel Bambergs ältestes Gasthaus, das Sternla.

Da es für Fränkisch jedoch keine einheitliche Rechtschreibung gibt, verschriftlicht jeder Wirt nach eigenem Gutdünken. Am besten, man murmelt die Namen der Speisen vor sich hin, um sie zu entziffern. Hier können Sie schon einmal online schmökern und üben: www.sternla.de/speisekarte

Fränkisch ist, das muss vor allem Besuchern aus nördlicheren Landesteilen erklärt werden, keinesfalls Bairisch. Sprachlich unterscheiden sich beide Dialektgruppen erheblich. Die Franken als deutscher Stamm gehen zurück auf das Frankenreich Karls des Großen. Spricht man von fränkischen Dialekten, meint man sämtliche Unterarten dieser Sprache, wie sie den verschiedenen germanischen Teilstämmen einst über die Lippen sprudelten. Das Fränkische, das in Oberfranken heute noch verwendet wird, bezeichnet man als Ostfränkisch. Gebildet hat es sich ab dem 7. bis 8. Jahrhundert durch die fränkischen Landerschließungen.

Sein auffälligstes Markenzeichen ist die Weichspülung sämtlicher knackiger Konsonanten: »p« wird zu »b« (ein fränkischer »Paul« heißt »Baul«), und wer im Supermarkt nach Packpapier fragt, wird womöglich zum Backpapier (»Backbabier«) geführt. »t« wird als »d« gesprochen, »k« als »g«. Da auch die Diphthonge oft aufgelöst sind, mutiert etwa der Teig zum »Daach«. Keinesfalls sollten Sie das Wort mit dem Substantiv »Tag« verwechseln, denn dieser heißt »Douch«. Sagt also der Franke »gut«, wird »guud« daraus. Der Bayer würde dagegen »guat« äußern.

Die Franken, das suggeriert ihr Name, sind freie, offene Gesellen. Jahrhundertelang galten sie als Freibeuter, die vor keiner Gefahr scheuten, wenn es um ihre Sache ging. Das Eigenschaftswort »frank« kommt heute noch in dem Ausdruck »frank und frei« vor, was so viel bedeutet wie »unverblümt«, »frisch von der Leber weg«. Diese sympathische

Grundausstattung geht bisweilen mit einer gewissen Radikalität in den Umgangsformen einher, was die Abkehr von mitteleuropäischen Höflichkeitsnormen einschließt. In einer Dorfbäckerei kann dann Folgendes passieren:

Besucher: »Also, ich hätte gern vier Brötchen von diesen hier, zwei Kipfla, dann noch ein Sonnenblumenbrot und zwei Mohnzöpfla.«

Bäckerin: »Na, du her dei Dasch!«

Gesagt ist: »Na, tu her deine Tasche!« Gemeint ist: »Aber sehr gerne.«

Lassen Sie sich von so viel ungeschminkter Direktheit nicht irritieren – sie gehört, gerade auf dem Land, einfach zum Lebensgefühl dazu.

Das Ostfränkische, selbst in einem relativ kleinen Raum wie Oberfranken, neigt zur Aufsplitterung. Von Dorf zu Dorf kann es unterschiedliche Ausdrücke für ein und dieselbe Sache geben, eine leicht abgewandelte Aussprache oder verschiedene grammatikalische Gebrauchsformen. In bestimmten Landstrichen beglückwünscht man das Geburtstagskind mit den Worten: »Ich gratuliere dich zum Geburtstag« – wer stur »dir« sagt, fällt als Ausländer auf. Fränkischsprechende verfügen über die nützliche Ausdrucksform des Konditionals: »Wenn der Baul nur endlich heimkämert« (»Wenn Paul nur endlich heimkommen würde«). Der Wortschatz weist ein überdurchschnittliches Maß an Deftigkeit auf: Ein knusprig gebratenes Hähnchen heißt »Göger«, die Kartoffel ist ein »Erfel« (von »Erdapfel«), mancherorts in der Fränkischen Schweiz aber auch eine »Boddagge« (»Potake«, dieses Wort ist aus einer Indianersprache entlehnt), Rotkohl heißt »Blaukraut« und zum Rindfleisch passt »Gree« (Meerrettich), der andernorts wiederum »Meerch« genannt wird. Irritierend wirken auf den Reisenden manchmal Wörter, die er selbst als negativ besetzt kennt, die im Ostfränkischen jedoch die übliche Form des Ausdrucks sind: So steht »Buggl« (»Buckel«) wertfrei für Rücken, ohne dass dieser gekrümmt sein muss, und ein »Kiddl« (»Kittel«) bezeichnet ein (gern auch elegantes) Sakko. Ach ja, und das »r« wird mit der Zungenspitze gerollt – ausgiebig!

78

Brauerei »'s Antla«
Amtsgerichtsstraße 21
96317 Kronach
09261 5045950
www.antla.de

Die Kronacher Stadthotels
Amtsgerichtsstraße 12
96317 Kronach
09261 504590
www.stadthotel-pfarrhof.de

Neugeborene Biertradition

Brauerei »'s Antla«

Es ist schon etwas Besonderes: Im Jahr 2009 eröffnete eine neue Brauerei in der Oberen Stadt, dem geschichtsträchtigen Herzen Kronachs. Knapp 100 Jahre, nachdem das Ende der örtlichen Bierbrautradition mit dem Abriss des in unmittelbarer Nachbarschaft gelegenen Oberen Brauhauses besiegelt schien. In den letzten 30 Jahren starben etliche Brauereien im Frankenwald. Doch es gibt Hoffnung: ein Neugeborenes!

Die Brauerei mag neu sein, das Haus ist es nicht. Geschichtsträchtig und gediegen stellt es sich dar, das alte Floßherrenhaus: Sandstein im Parterre und ersten Stock, gebaut im Spätmittelalter, Fachwerk vom Feinsten darüber, aus dem 17. Jahrhundert. Ein Erkerchen. Es gibt noch Fenster mit den original erhaltenen Butzenscheiben. Logoartig der Ausleger – Design des 21. Jahrhunderts. Der Name, »'s Antla«, bedeutet »das Entlein«. Passenderweise gibt es den Entenklassiker fränkischer Art zu bestellen: Ein Viertel Bauernente mit Apfelblaukraut und Kartoffelklößen. Ein weiteres schmackhaftes Gericht, mit einem Hauch »weite Welt«: der Hähnchen-Bacon-Avocado-Salat.

Man sitzt sozusagen in der Brauerei. Kupferfarbene Biertanks haben einfach ihren Reiz. Entscheidend ist jedoch, was darin ist. Und da haben wir im Antla die Auswahl. Eine Reminiszenz an die Frankenwaldflößer ist das Flößerbier. Es ist malzig, dunkel, hefetrüb. Der Brauer hat es jahrein, jahraus im Programm; genauso wie das helle, spritzigere und herbere »Antla eins« (mein Favorit) und das hefetrübe Weizen für die Weißbierfreunde.

Je nachdem, wann Sie sich nach Kronach aufmachen, dürfen Sie Freundschaft mit extravaganten Craft-Bieren schließen. Die Webseite gibt Auskunft, wann welche Sorte im Glas schäumt. Ich persönlich mag das nach britischer Art gebraute »Stout«, ein dunkler, starker und würziger Gerstensaft mit cremiger Schaumkrone. Bleiben Sie nach der Bierprobe in Kronach über Nacht. Zum Beispiel gegenüber im Hotel Pfarrhof, oder gleich im Zum Floßherrn über dem Antla.

Zwischen 14.00 und 18.00 Uhr gibt es im Antla Brotzeiten für den kleinen Hunger zwischendurch. Wie wäre es mit Entensülze und Bratkartoffeln?

74

Kaiserhofbräu
Friesener Straße 1
96317 Kronach
09261 628000
www.kaiserhofbraeu.de

KOMMT, LASST UNS SCHMAUSEN!

Kaiserhofbräu

Ich gebe zu, ich bin ein bisschen wehmütig. Dies ist der letzte Lieblingsplatz-Text, den ich schreibe. So ganz stringent nach Reihenfolge bin ich beim Verfassen nicht vorgegangen. Ich habe mir die Kaiserhofbräu für ganz zum Schluss aufgehoben. Tatsächlich ist die Brauerei auch der letzte Recherche-Ort. Aber Sie haben ja noch ein paar Kapitel vor sich. Vielleicht begegnen wir uns mal beim Kaiserhöfer!

Heute Abend jedenfalls bin ich mit vier echten Frankenwäldern unterwegs. Das muss sein. Der Frankenwald ist – mentalitätsmäßig – schon etwas Besonderes. Biermäßig auch. Für die Buchrecherche soll alles zusammenpassen!

Wir haben einen Tisch bestellt. Die Wirtsstube ist klein, man kann Pech haben und keinen Platz finden. Sofort tut es mir die lange, blankpolierte Holztheke an, die sich durch den schmalen Raum zieht. Ein Dutzend Fässer stehen als Barhocker bereit. Im Hintergrund blitzen die Gläser auf ihren Boards. Es geht gemächlich zu. Ein Damen-Stammtisch hat sich niedergelassen, ein paar andere Gäste. Man kennt sich.

Ob ich fotografieren darf? Für eine Veröffentlichung? Aber gern! Die Gäste nehmen gelassen die Autorin mit Kamera in Augenschein. Das Viertel, in dem die Kaiserhofbräu liegt, heißt Strau. Warum? Man weiß es nicht, fragt an den Nebentischen nach. Auch die Einheimischen wissen keine Antwort. Wir lassen die Klärung des Sachverhalts offen, vielleicht meldet sich ja ein Heimatpfleger oder Ortsnamenkundler, der diesen Text liest und ermitteln möchte. Widmen wir uns lieber den Biersorten!

Hier habe ich zwei Favoriten: Beginnen Sie mit dem Keller-Äffla Urhell. Ein spritziges Bier mit einem knuffigen Etikett auf den Flaschen, die mit uns den Heimweg antreten. Zum deftigen Essen soll es dann ein Schmäußbräu sein. Bernsteinfarben, süffig und sahnig – einmalig gut an kühlen Herbstabenden. Was dieser Name uns sagt, ist schnell enträtselt: Gebraut wird das Schmäußbräu für das historische Stadtfest. Und da will man nur eins: schmausen.

Dunkelbierfreunde, probiert den Schwedentrunk! Ein solcher nährte die wehrhaften Kronacher schon bei der Belagerung durch die Schweden im Dreißigjährigen Krieg.

Rundweg um die Ködeltalsperre
Startpunkt: Parkplatz bei Mauthaus
Mauthaus 1
96349 Steinwiesen

Nähere Informationen:
Frankenwald Tourismus
Service Center
Adolf -Kolping-Straße 1
96317 Kronach
0 92 61 / 6 01 50
www. frankenwald-tourismus.de

Nordland-Feeling in Oberfranken

Ködeltalsperre

Wem es zu weit nach Norwegen ist, der kommt – in Sachen Natur – im Frankenwald auf seine Kosten: Fichtenwälder, tief eingeschnittene Täler, Flüsse und Stromschnellen, Dörfer an steilen Hängen. Auch klimatisch gibt es einige Gemeinsamkeiten. In den höheren Lagen Oberfrankens ist es stets ein wenig rauer, kälter und windiger als in Mainnähe. Outdoor-Freaks finden also beste Bedingungen vor. Eine Regenjacke sollte auf einer Tour durch den Frankenwald nicht fehlen.

Naturschönheiten gibt es genug im Flößerland. Die Flößerei war über lange Jahre der Broterwerb der Frankenwälder, und wer es selbst mal versuchen möchte, kann auf der Wilden Rodach ein Floß reiten: eine schweißtreibende und feucht-fröhliche Angelegenheit! Das Flößermuseum in Unterrodach informiert über den harten Flößer-Job und seine Geschichte im Frankenwald.

Ich bleibe lieber auf festem Boden. Sagen wir, auf bedingt festem Boden. Heute ist mein Hauptziel die Ködeltalsperre zwischen Mauthaus und Nordhalben. Im Kofferraum: die Inline-Skates. Ich bin gefühlte zehn Jahre nicht mehr auf acht Rollen unterwegs gewesen. Vom Parkplatz bei Mauthaus sind es fünf Minuten steiler Anstieg zur Talsperre. An diesem verhangenen Samstag liegt sie grau und leer da wie ein Fjord. Da Schwimmen hier ohnehin nicht erlaubt ist (die erste Trinkwassertalsperre auf bayerischem Boden erstreckt sich vor uns), liegt der Genuss woanders: in der Geschwindigkeit. Inliner anschnallen und losrollen ist eins. Ein 12,5 Kilometer langer, weitgehend ebener und gut asphaltierter Weg umrundet den Trinkwasserspeicher. Auch Anfänger und Ungeübte haben eine Chance. Immer wieder ergeben sich schöne Ausblicke auf Wald und Wasser. Viel los ist hier nie. Man genießt Freiraum. Ein Erlebnis, das vielen Urlaubern in überfüllten Hotels und an wimmelnden Stränden nicht mehr geläufig ist.

Noch mehr Natur? Auf ins Höllental bei Bad Steben! Dort entspringt übrigens mein Lieblings-Mineralwasser, der Höllensprudel.

Die Schäferstuben im kleinen Häusles servieren deftige Küche. Wer länger bleiben will, kann ein Ferienhaus mieten, sich auf dem Bauernhof mit Fleisch, Eiern und Honig eindecken – und sogar in der Landwirtschaft mithelfen.

76
Thüringer Warte
96337 Ludwigsstadt-
Lauenstein
Weitere Informationen:
Stadt Ludwigsstadt
Lauensteiner Straße 1
96337 Ludwigsstadt
09263 9490
www.ludwigsstadt.de

»Leuchtturm des Westens«

Wanderung zur Thüringer Warte bei Lauenstein

Der Aussichtsturm »Thüringer Warte« erhebt sich auf dem 678 Meter hohen Ratzenberg westlich von Ludwigsstadt/Lauenstein, gerade noch auf fränkischer Seite. Errichtet wurde er 1963, zwei Jahre nach dem Mauerbau, um Besuchern wie Einheimischen wenigstens den unverstellten Blick ins Thüringische hinein zu ermöglichen: ein »Schaufenster in die DDR«. Doch die Rede vom »Leuchtturm des Westens« ist heutzutage Historie. Die Landesgrenze zwischen Bayern und Thüringen, nur 200 Meter vom Turm entfernt, hat heute schlichten Verwaltungscharakter. Mittlerweile ist der ehemalige Todesstreifen zur Lebensader der Natur geworden. Wo früher die Grenze als tödliche Schneise durch den Fichtenwald schnitt, erstreckt sich heute das »Grüne Band« – ein hellgrün leuchtender Vegetationsstreifen inmitten der dunkelgrünen Wälder. Weil in dem Abschnitt zwischen Streckmetallzaun und eigentlicher Grenzlinie nur sporadisch entbuscht wurde, konnte ein idealer Rückzugsraum für seltene Tiere und Pflanzen entstehen.

Erwandern lässt sich die Thüringer Warte beispielsweise von der Burg Lauenstein aus. Man kann auch mit dem Wagen über den Lauensteiner Ortsteil Springelhof kommen, muss aber den letzten Anstieg zum Turm zu Fuß bewältigen. Lange sieht (und riecht) man nur Wald, Gräser und Pilze. Allerdings spürt man den Wind, der die Bäume schüttelt. Dramatische Geräusche von sich biegendem und aneinander reibendem Holz. Kaum ist die Höhe erreicht, tobt der Wind sich dann richtig aus. Ein Pulli ist auch an warmen Tagen nützlich.

Erst knapp vor dem Turm lichtet sich die Bewaldung. Schweißgebadet fragt man sich: Jetzt auch noch auf den Turm – soll ich oder soll ich nicht? Steigen Sie unbedingt auf die Kanzel hinauf! 26,5 Meter in 117 Stufen – das schaffen Sie leicht! Ehrlich währt übrigens am längsten, den Eintritts-Euro wirft man eigenverantwortlich in die Kasse. Bei gutem Wetter sehen Sie etwa 50 Kilometer weit ins Land – ins Fränkische und Thüringische.

Gut durchgelüftet lohnt es sich, wieder am Fuß der Treppen angelangt, die kleine Dauerausstellung über Grenzziehungen, den Bau der Grenzanlagen und den Fall des Eisernen Vorhangs anzusehen. Absoluter Lieblingsplatz für Geschichtscracks und Höhenfreunde!

77

Burg Lauenstein
Burgstraße 3
96337 Ludwigsstadt-
Lauenstein
09263 400
www.schloesser.bayern.de/
deutsch/schloss/
objekte/lauenst.htm

Confiserie Burg Lauenstein
Fischbachsmühle 2
96337 Ludwigsstadt-
Lauenstein
09263 945480
www.fischbachsmuehle.com
www.lauensteiner.de

FANTASTISCHE UND FANTASIEVOLLE KÖSTLICHKEITEN

Burg Lauenstein

Der Frankenwald erschließt sich nicht jedem Besucher sofort. Das muss man eingestehen. Zu rau erscheint oft die Natur, der viele Schiefer macht einen regnerischen Tag noch dunkler. Man muss schon ein wenig Geduld mitbringen und Menschen wie Landschaften auf sich wirken lassen. Dann entdeckt der Gast die Juwelen. Wie die Burg Lauenstein. Sie scheint auf dem Sporn ihres Berges zu reiten – die klassische Höhenburg, inmitten tiefgrüner Wälder.

Schleckermäulern ist der Name »Lauenstein« vermutlich eher als Pralinenmarke bekannt. Bevor Sie also zur Burg hinauffahren oder wandern, was sich anbietet, halten Sie an der Fischbachsmühle inne: Pralinés und Trüffel sind hier im Werkverkauf zu haben. Außerdem darf der Besucher die schokoladigen Kleinigkeiten verkosten. Und mit einem Himbeertrüffel im Mund klettert es sich schneller den steilen Berg hinauf.

Die Burg Lauenstein entstand im 12. Jahrhundert und war bis ins 15. Jahrhundert der Sitz des Thüringischen Geschlechts der Grafen von Orlamünde. Auf mich wirkt sie wie die typische Märchenburg: Torbögen, ein wenig Wasser, wenn auch kein Rundum-Burggraben, eine Steinbrücke, die in den Innenhof führt. Dieser ist – wie die gesamte Burg – hervorragend restauriert. Man kann sich auf einer Bank in die Sonne setzen und das Ensemble gemächlich in sich aufnehmen. Schließen Sie sich einer Führung an, um das Innere der Burg kennenzulernen. Die meisten Besucher zeigen sich insbesondere von der Geschichte der spukenden Weißen Frau fasziniert – eine solche gehört ja unbedingt zu einer mittelalterlichen Burg dazu. Bei der hiesigen Weißen Frau soll es sich um Landgräfin Kunigunde von Leuchtenberg handeln, die – schon Witwe und mit Haut und Haaren in den Hohenzollern Albrecht den Schönen von Nürnberg verliebt – in einen Familienzwist geriet: Albrechts Eltern waren gegen die Verbindung. Er teilte Kunigunde mit, zwei Augenpaare wüssten die Heirat zu verhindern. Sie dachte, damit meinte er ihre Kinder, und brachte ihren Nachwuchs um. Tragik der Leidenschaft.

Zu weiteren Märchen und blutigen Geschichten (etwa von einer bei lebendigem Leib gepfählten Köchin) führt Sie ein Wichtel auf dem 4,5 Kilometer langen Märchenpfad-Rundweg.

PARIS du Palais Bourbon
NEW YORK
N.Y.
T-ÉTIENNE
For a peaceful w
Hong Kong
香港
EKATERINBURG
3750 km
SOMOGYTÚR
UNGARN
Times Square
Broadway
New York City
JESUS IS THE
ONE WAY
all over the world
LAS VEGAS
Downtown / Las Vegas Blv
INQUEIRA D. ESP.
SOFIA
المنستير
MONASTIR
KANSAS CITY CHIEFS
N Broadway
00 N
ARIZONA
US
66
SOROCABA
SÃO PAULO - BRASIL
THE
BRONX
All-America City
ANTIAGO DA MEDORRA
ELVIS PRESLEY BLVD
USTELOS
INTERSTATE
278
Porte de Versailles
Ξυλαγανή
Xilagani
Wacken
Germany
KASTELRUTH
CASTELROTTO
3
BRIDLE
CRESCENT
Markt
Oberkotzau
grüßt die Besucher aus aller Welt
www.fernweh-park.de
BROADWAY
Tapolca
ACAPULCO BEACH
Playa Icacos
Acapulco de Juárez
WALL ST
Ville
de
MIRANDE
CHERRY HILL
NEW JERSEY
TIMES
SQUARE
Pinar del Rio
(Cuba)
Brücke zwischen Europa und Asien
CALIFORNIA
11
NYC-Memorial-Day
Do you remember?
7770-43
JOHANNESBURG

Herzlich Willkommen - Welcome - Bienvenue
Signs of Fame
Fernweh-Park
Oberkotzau
www.fernweh-park.de
Bekkevoort
Kerkrade
دبي
Dubai
SYDNEY
CITY LIMIT
ODEZ
JEDDAH 55 KM
جدة ٥٥ كم
ş. Aşgabat
CAÇADOR
Santa Catarina
Brasil
ЛААНБААТАР
PRAHA
ČMS - KOUZELNÍCI ČESKÉ REPUBLIKY
IEUWKOOP
水 里
Shuili
AVENIDA
N.S. DE COPACABANA
VILNIUS
1177 Nile - Street
Cairo
Colombia
TEHRAN
تهران
Radišići
LJ 309-HB
Ljubuški
JJ7-967
AQY 233
TK 5387
MAG 24Y
JWO 7685
CA 5639
EY 659
RIO-2000
HOF-2001
CITY OF LOS ANGELES
FOUNDED 1781
TOWER
BRIDGE EC4
DOVER, DELAWARE
THE 1st STATE
RUE
MALOUIN
1754-1846

DIE NEUEN

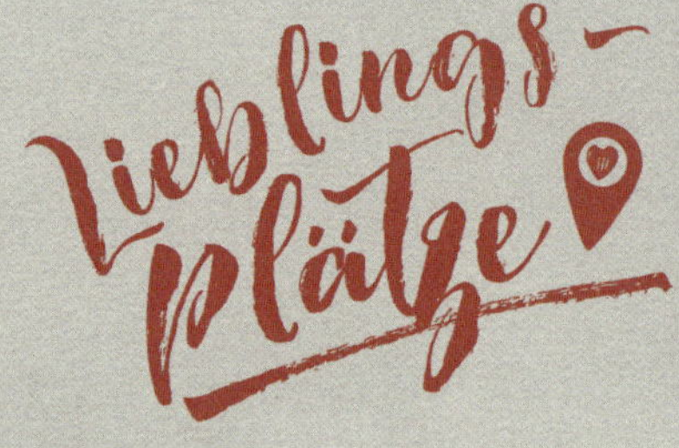

ISBN 978-3-8392-2628-5

ISBN 978-3-8392-2614-8

ISBN 978-3-8392-2615-5

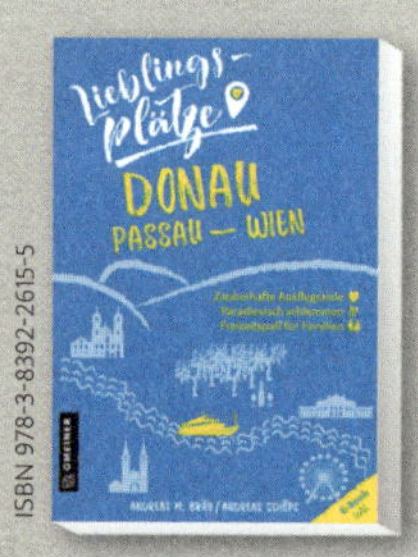

ISBN 978-3-8392-2621-6

ISBN 978-3-8392-2618-6

ISBN 978-3-8392-2623-0

ISBN 978-3-8392-2630-8

ISBN 978-3-8392-2627-8

ISBN 978-3-8392-2632-2

ISBN 978-3-8392-2617-9

ISBN 978-3-8392-2619-3

ISBN 978-3-8392-2633-9

ISBN 978-3-8392-2405-2

ISBN 978-3-8392-2611-7

ISBN 978-3-8392-2631-5

ISBN 978-3-8392-2629-2

ISBN 978-3-8392-2624-7

ISBN 978-3-8392-2625-4

ISBN 978-3-8392-2622-3

ISBN 978-3-8392-2634-6

ISBN 978-3-8392-2545-5

ISBN 978-3-8392-2616-2

KRIMIS AUS DER REGION

Schmöe,
Osterläuten
978-3-8392-2849-4

Schmöe,
Rhöner Nebel
978-3-8392-2589-9

Schmöe,
Angeschwärzt
978-3-8392-2523-3

Schmöe,
Geisterflug
978-3-8392-2314-7

Schmöe,
Kreidekreis
978-3-8392-2229-4

Schmöe,
Falsche Versprechen
978-3-8392-2154-9

WWW.GMEINER-VERLAG

Wir machen's spann